本书由拉蒙鲁尔研究所资助出版。

EL SEMEN MOLA
© 2022, Anna Salvia y Cristina Torrón Villalta
© 2022, Penguin Random House Grupo Editorial, S.A.U.
Travessera de Gràcia, 47-49. 08021 Barcelona
Simplified Chinese translation copyright © 2024 by Beijing Science and Technology Publishing Co., Ltd.
All rights reserved.

著作权合同登记号　图字：01-2024-5069

图书在版编目（CIP）数据

精子有话说 /（西）安娜·萨尔维亚著；（西）克里斯蒂娜·托龙绘；杨刘译. -- 北京：北京科学技术出版社，2024（2025重印）. -- ISBN 978-7-5714-4312-2

Ⅰ. G479-49

中国国家版本馆CIP数据核字第2024GF3424号

策划编辑：韩贞烈	邮政编码：100035
责任编辑：韩贞烈	电　　话：0086-10-66135495（总编室） 0086-10-66113227（发行部）
营销编辑：陈　曦	
责任校对：贾　荣	网　　址：www.bkydw.cn
封面设计：源画设计	印　　刷：雅迪云印（天津）科技有限公司
图文制作：天露霖	开　　本：787 mm×1092 mm　1/20
责任印制：吕　越	字　　数：66千字
出 版 人：曾庆宇	印　　张：6.8
出版发行：北京科学技术出版社	版　　次：2024年12月第1版
社　　址：北京西直门南大街16号	印　　次：2025年4月第3次印刷
ISBN 978-7-5714-4312-2	

定　　价：68.00元

 京科版图书，版权所有，侵权必究。
京科版图书，印装差错，负责退换。

精子有话说

〔西〕安娜·萨尔维亚◎著 〔西〕克里斯蒂娜·托龙◎绘

杨 刘◎译

北京科学技术出版社
100层童书馆

感谢参加我工作坊活动和座谈会的男孩们，感谢你们分享自己的初精经历！

感谢我的儿子诺亚克，以及他的好朋友乌格与罗赫尔！

安娜

感谢我的父母在那趟通往布拉内斯的旅程中耐心又幽默地向我讲解生理知识，是他们让我明白大象的精液和排泄物不是同一个概念，以及人类不会像大象那样一次射精量超过一升。

克里斯蒂娜

你好呀!
我的名字叫精子。

在你阅读本书的过程中,我将全程陪伴你,为你讲解如何面对第一次射精,以及如何自信、舒适、坚强、快乐并精力十足地度过整个青春期!

自信、舒适、坚强、快乐并精力十足!

我将会用"男孩""男生""男人"等词指代男性。

你将在本书中了解到以下内容

为什么第一次射精如此重要

你的性器官

变来变去的阴茎

揭开勃起的神秘面纱

精液的"真面目"

关于尿道球腺液,你必须知道

与性相关的知识

管理好你的"超能力"

青春期的烦恼与快乐

第一次射精发生前身体的变化

为什么第一次射精如此重要

第一次射精后,你的身体将拥有两种全新的能力。它们会伴随你度过整个生育期。换句话说,在你接下来的生命中,它们会一直陪伴你!

第一次射精意味着你的身体发生了重要变化。它通常发生在你11~14岁时。它还有一个特别的名字：

初精。

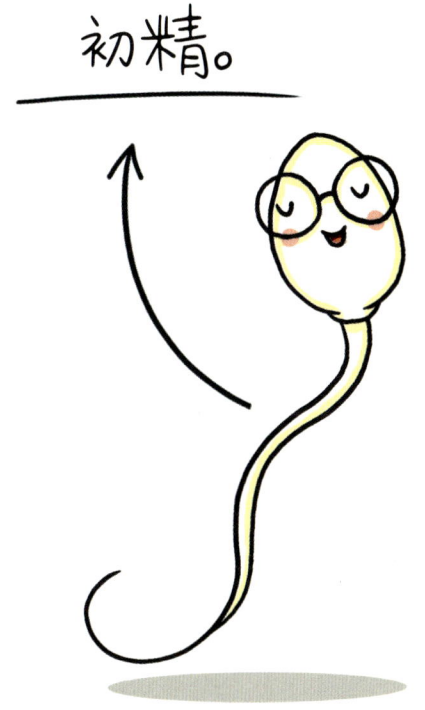

它将为你打开新世界的大门。不过不用担心，我会一点一点解释给你听的！

初精之后会发生什么呢?

第一次射精后,你的身体将拥有两种全新的能力。它们会伴随你度过整个生育期。换句话说,在你接下来的生命中,它们会一直陪伴你!

它们是:

① 你具有了射精的能力。

② 你成了一名具有生育能力的男性,获得了可以给世界带来新生命的"超能力"。

男性的生理阶段

男性的一生大致可以分为两大时期：幼年期和生育期。生育期以初精为起点，以死亡为终点。在此期间，你都具有生育能力。

生育能力会随着身体的衰老而衰减，但也有男性七八十岁还生育孩子的例子。这种情况下，他们的妻子往往要比他们年轻得多，因为女性的生育期通常在40～55岁结束。青春期是你的身体由幼年期向生育期转变的过渡时期，在这一时期，你的身体会一点一点发生变化，为迈入下一阶段做准备。青春期通常持续5～10年。

青春期

幼年期

初精（11～14岁）

生育期

什么是青春期？

青春期是你由男孩向男人转变的时期。在这一时期，你的性征会快速发育，你的思想、情绪、喜好、跟家人朋友的关系也会有所变化，你自己和你周围的世界都会有所改变。

在青春期，有时你感觉自己仍是个小男孩，有时你又感觉自己已经是个男子汉了；有时你只想快乐地玩耍，有时你又想表现得像个成年人；有时你不想去承担责任，有时你又希望别人相信你有承担重任的能力。

其实，那个住在你内心深处的小男孩永远不会完全消失。即使你到了 80 岁，他仍然住在你心里。

你的性器官

从青春期开始,性器官会逐渐在你的日常生活中扮演重要的角色。因此,你要对它们了如指掌。

许多家长都没有意识到向孩子讲解身体的每个部位叫什么、有什么作用以及如何呵护它们有多重要。因此，你可能还不太了解自己的性器官。

从青春期开始，性器官会逐渐在你的日常生活中扮演重要的角色。因此，你要对它们了如指掌。

下面，由我来一一讲解！

这些部位你从外面可以看到！

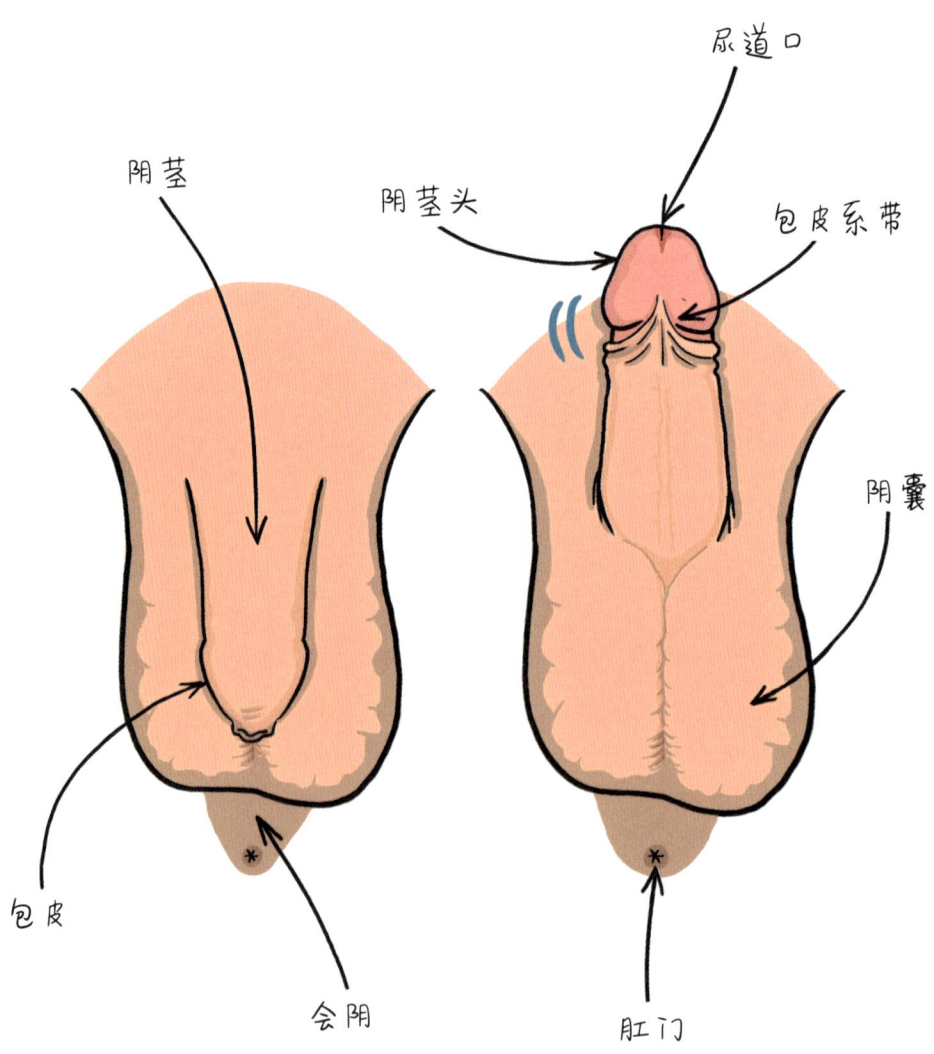

12

阴茎头

阴茎头是阴茎的"头部"。阴茎头处的皮肤十分柔软,且非常敏感,上面时常沾有体内分泌的黏液。

阴茎

阴茎的作用是排出尿液。此外,阴茎也是男性进行性行为的器官。

尿道口

尿液、精液和尿道球腺液等液体均通过尿道口排出。

包皮

包皮包裹着阴茎头,可以向外翻,也可以回到原位,其作用是保护阴茎头和尿道口,并使阴茎头保持湿润。

包皮系带

包皮系带将包皮和阴茎头连起来,确保包皮翻开后仍然能够回到原位。

阴囊

阴囊包裹着睾丸,对睾丸起保护作用。阴囊还可以通过舒张和收缩表皮使睾丸的温度保持稳定。进入青春期后,阴囊处会长出毛发。

肛门

粪便从这里排出。

会阴

会阴是阴囊根部和肛门之间的区域。

这些部位你从外面看不到！

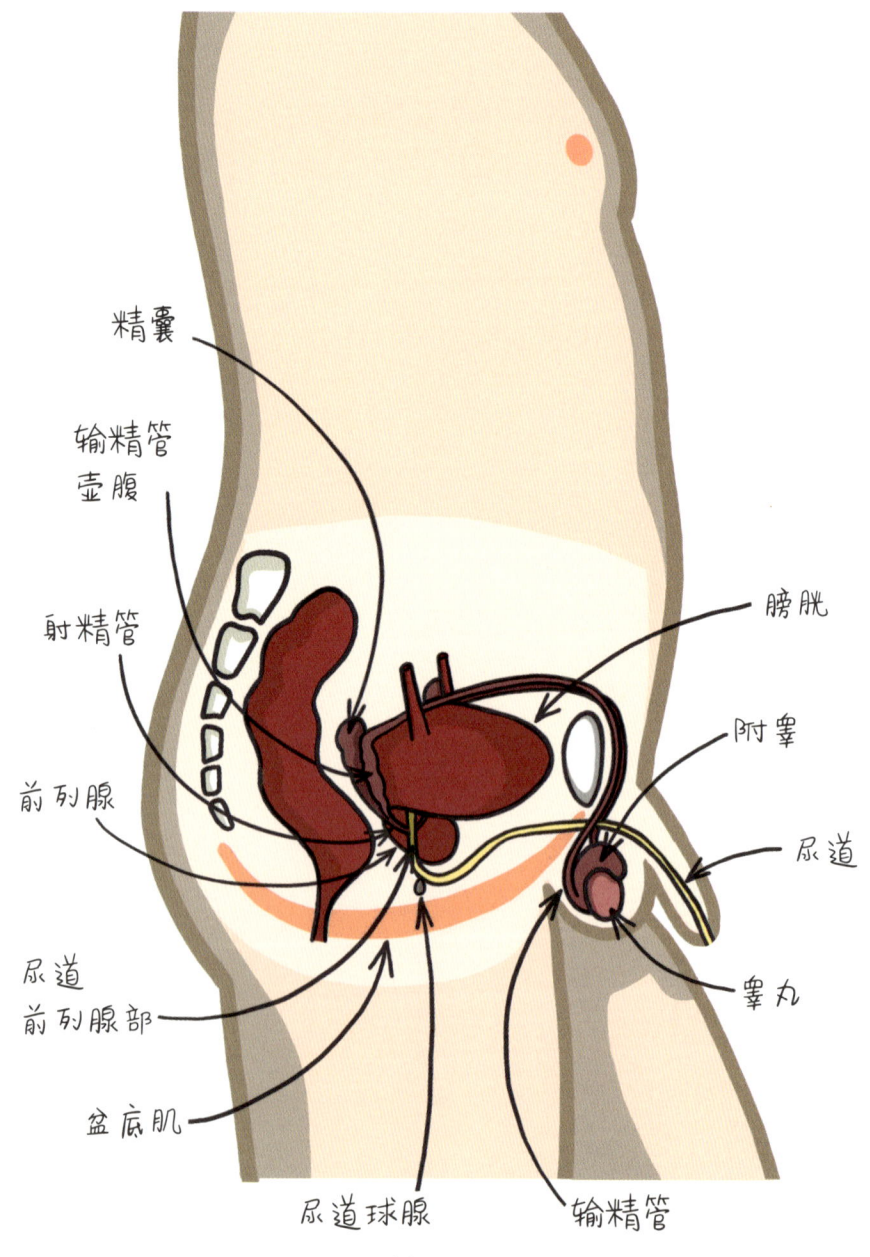

精囊
精浆的主要"产地"。

膀胱
储存尿液的器官。

输精管壶腹
为下次射精储存精子。

尿道球腺
分泌尿道球腺液。

前列腺
部分精浆由前列腺产生。

输精管
将成熟精子输送至输精管壶腹。

射精管
输精管壶腹与精囊汇合成的管道。

尿道前列腺部
尿道在前列腺内的一部分,是精液的不同成分混合的地方。

附睾
精子在附睾中成熟,并储存在其中。

盆底肌
支撑骨盆处所有器官的肌肉群。

睾丸
生产精子和性激素的"工厂"。

变来变去的阴茎

阴茎是你身上一个整天都在不停变大变小的器官。在本章中，你将全面地了解阴茎的构造、特点，以及学习如何呵护它。

阴茎是你身上一个整天都在不停变大变小的器官。在本章中，你将看到阴茎的形状、尺寸和颜色是不尽相同的，你还将全面地了解阴茎的构造、特点，以及学习如何呵护它。此外，本章会涉及一点包茎和包皮环切手术的知识。

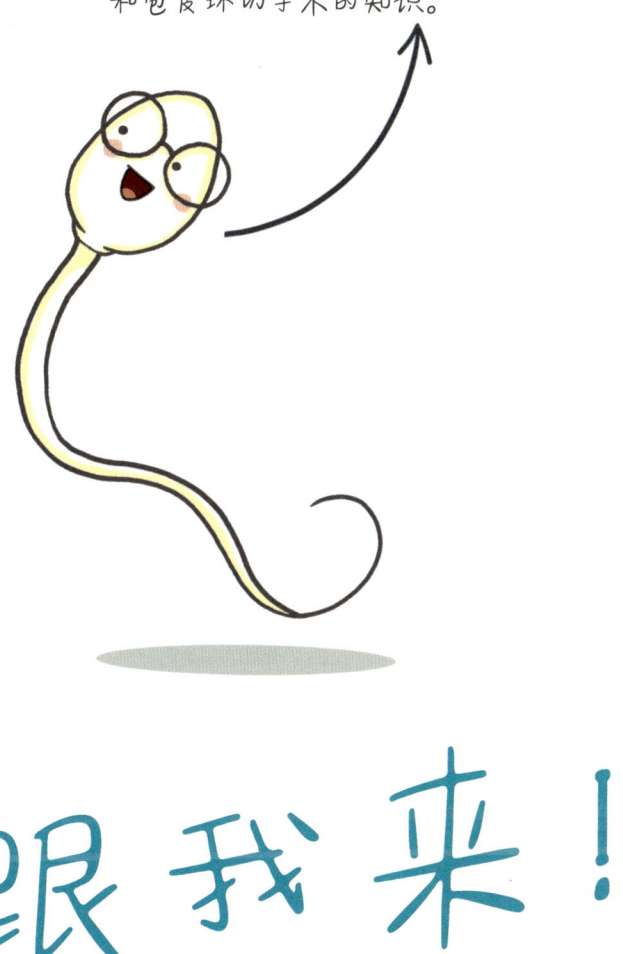

跟我来！

不一样的阴茎

每个人的阴茎都是与众不同、独一无二的。阴茎和人的皮肤一样，有着不同的颜色。它们的形状也有差异，或长或短，或粗或细，有的是笔直的，有的则微微向左、向右、向上或向下弯曲。阴茎头的形状也不尽相同。有的阴茎会有像大象鼻子一样的长长的包皮，而有的阴茎的包皮则很短，短到无法将阴茎头包裹住。

无论颜色、形状如何，所有的阴茎都可以用来小便、进行性行为。尺寸大的阴茎并不一定比尺寸小的好，同样，笔直的阴茎也不一定比弯的好。

你的阴茎是
独一无二的!

在幼年期,你的阴茎就开始"成长"。到了青春期,它的"成长"速度大大加快,并在这一时期达到成年人的尺寸。因此,在青春期,你的同学里有些人的阴茎仍然是幼年期的大小,有些人的阴茎已经发生了明显的变化,有些人的阴茎则已经和大人的一样了。

此外,阴茎是一个非常特殊和有趣的器官:它没有固定的形状,一整天都在变化,一会儿长一会儿短,一会儿粗一会儿细,一会儿硬一会儿软,就像金箍棒一样多变。

我的大小取决于
我是否勃起，
我感到冷还是热，
我是否害怕，
我是否紧张，
我是否处于性兴奋状态。

阴茎顶部

阴茎顶部分布着许多神经末梢,是人体中一块十分敏感的区域。阴茎顶部格外敏感的三个部位分别是阴茎头、包皮和包皮系带。

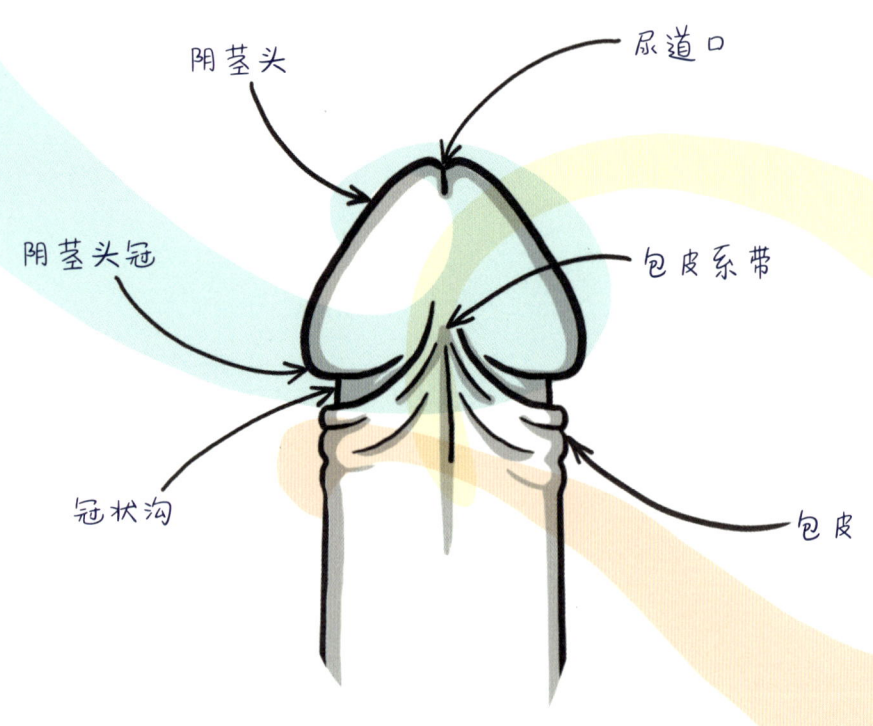

阴茎头

阴茎头位于阴茎末端，在生育期，它通常比阴茎的其余部分要粗。阴茎头表面的皮肤是一种黏膜，与口腔黏膜十分相似：潮湿，呈红色、粉红色或紫色（与肤色有关）。

阴茎头的最下面叫阴茎头冠，这里极其敏感。这片区域上可能会出现白色的微型凸起物，它们是珍珠样阴茎丘疹。珍珠样阴茎丘疹一般是生理发育上的变异，不会导致功能上的障碍。大多数情况下它们小到肉眼很难发现，但有的时候也可能被观察到。

如果你看到自己的阴茎头冠上有珍珠样阴茎丘疹，不必过于担心。

包皮

包皮是包裹阴茎头的皮肤。包皮的外侧和人体其他部位的皮肤基本一样，只不过没有体毛且颜色更深一点（尤其是进入青春期之后）；包皮的内侧与口腔黏膜或阴茎头上的皮肤相似，是一种细薄、敏感的黏膜。阴茎头以及包皮的内侧始终是湿乎乎的。

包皮的作用是保护阴茎头和尿道口，以及获得快感。在正常情况下，包皮包裹着阴茎头，当你撸动包皮时，阴茎头会露出来。这个状态也称为"外翻"。

包皮完全外翻后，便会皱皱地"蜷曲"在阴茎头冠的正下方——冠状沟处。这时，你可一定要记得把它归于原位哟！

包皮系带

包皮系带的作用是将包皮固定在阴茎头处，并确保包皮在翻开后仍能回归原位，重新包裹住阴茎头。将包皮翻开，让阴茎头显露出来时，你就能看到包皮系带啦！

有些人的包皮系带很短，在包皮被翻开时可能会出现不适。如果你遇到这种情况，请咨询儿科医生。一个非常小的手术就可以解决这个问题。

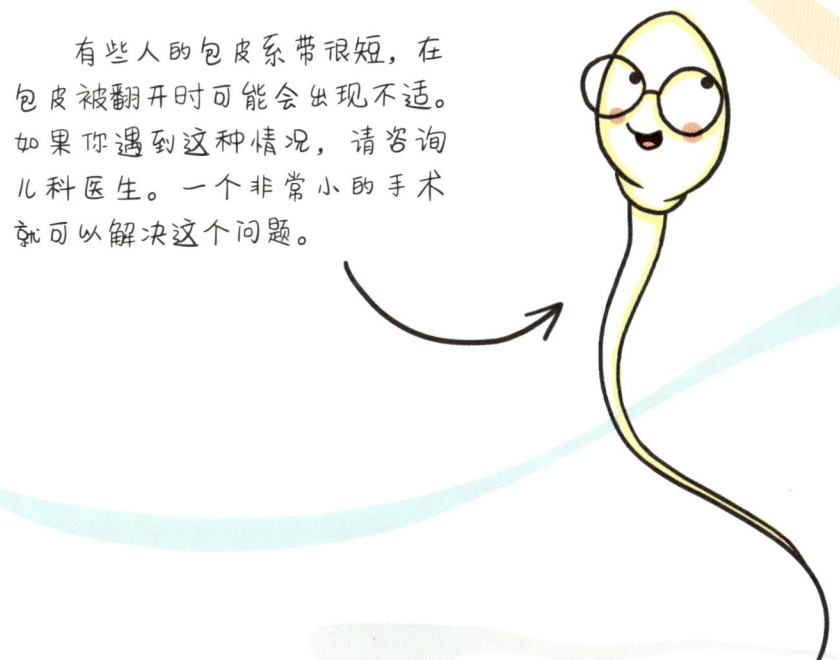

 如果你的包皮系带很短，在你自慰或发生性行为时，它可能会断裂、出血。不严重的话，无须惊慌，你唯一需要做的就是压住伤口止血。

如何清洗阴茎？

阴茎需要清洗的部位主要是阴茎头。阴茎头和包皮会产生一种白色的皮脂，也就是包皮垢。如果几天不清洗，包皮垢就会散发异味，还可能引发炎症。男性一生都会产生包皮垢，进入青春期后产生的包皮垢尤其多。

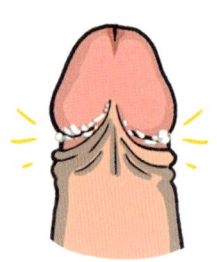

之前已经提到，阴茎头上的皮肤及包皮内侧的皮肤与口腔黏膜十分相似。那你肯定不会用肥皂清洗口腔吧？因此，你也不能用肥皂清洗这个十分敏感脆弱的部位，否则会伤害这里的皮肤，引起发炎、红肿等症状。

你只需用温水清洗阴茎头，并用手指轻轻擦去包皮垢就可以了（就像洗眼睛那样）。

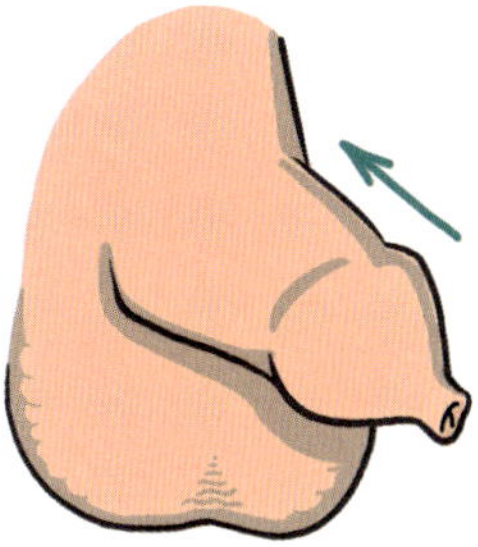

① 外翻包皮。 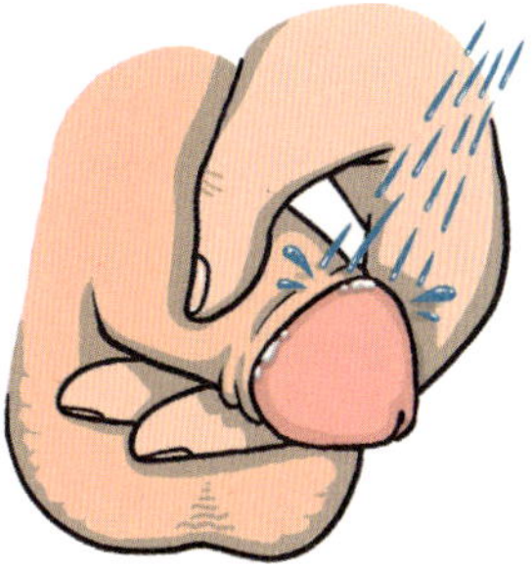　② 用温水冲洗。

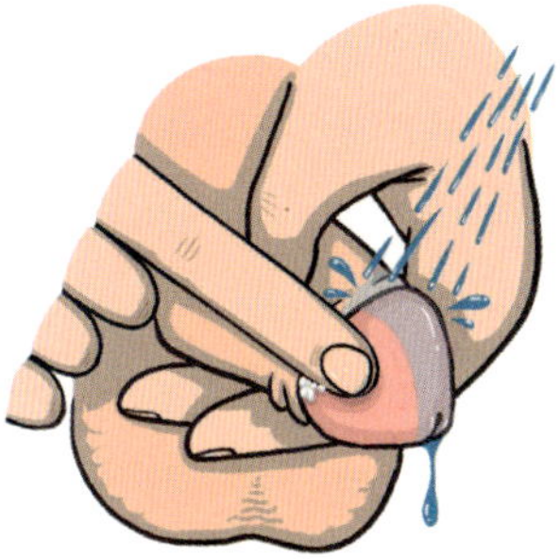

③ 用手指轻轻擦去包皮垢。 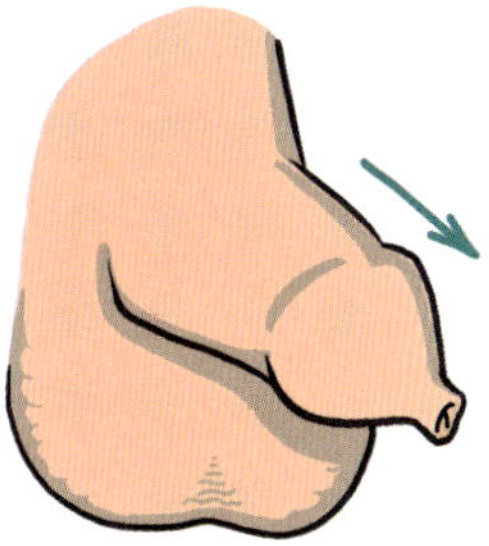　④ 将包皮复原。

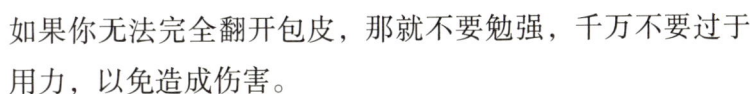

如果你无法完全翻开包皮，那就不要勉强，千万不要过于用力，以免造成伤害。

为什么能够正常外翻包皮很重要？

当你还在妈妈肚子里时，阴茎头和包皮是由同一层黏膜连接的，也就是说，它们原本是粘连在一起的。通常情况下，从幼年期开始，阴茎头和包皮逐渐分离，并于青春期完成分离。

如果包皮无法完全外翻至冠状沟处，那就称为包茎现象。但你要知道，所有的男性一开始都是包茎。

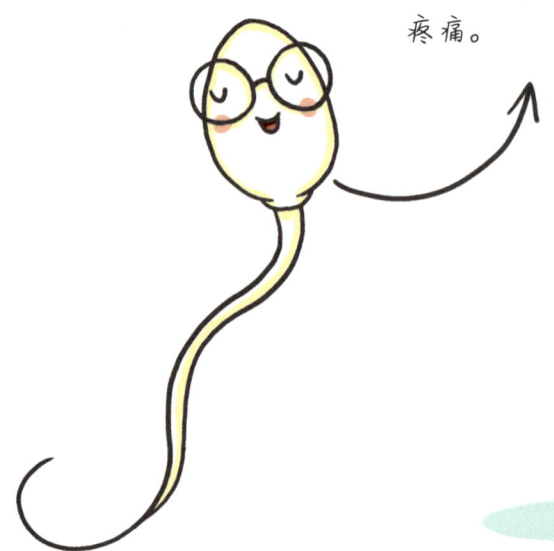

包茎可能会导致排尿困难，以及在自慰和发生性行为时疼痛。

一般来说，完全外翻包皮只是时间问题。很多男性 3 岁的时候就可以完全外翻包皮，另一部分在 3 岁以后的幼年期可以做到，只有很少一部分到了青春期仍然存在包茎现象。绝大多数男性不需要任何帮助就能将包皮完全翻开。完全外翻包皮既可以让你在洗澡时更方便清洗阴茎头，也可以让你在青春期发育后获得快感。

如果无法完全外翻包皮怎么办？

如果你无法完全外翻包皮，千万不要勉强，否则只会适得其反。在保证动作轻缓、不会疼的前提下，能翻到哪儿就翻到哪儿。儿科医生可能会建议你使用润滑剂，并教你如何外翻包皮。

然而，有时用了润滑剂也没有效果。如果一段时间之后你仍然无法完全外翻包皮，医生可能会建议你去做手术，局部或者完全切除包皮。这种手术叫作包皮环切手术。

面对这种情况，你和家人必须认真考虑：手术的方案是什么？会对你产生什么影响？哪种方案更好？你们可以咨询不同的医生，听取不同的意见，最后挑选你们认为最合适的方案。

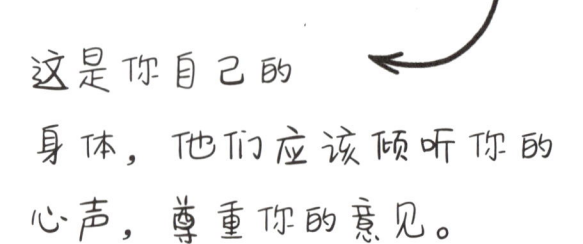

这是你自己的身体，他们应该倾听你的心声，尊重你的意见。

包皮环切手术

包皮环切手术是一项将过长的包皮切除的外科手术。做了该手术之后，你的阴茎头会始终显露出来。包皮切除后，阴茎头的敏感度会改变，但是你仍然可以进行性行为和自慰。

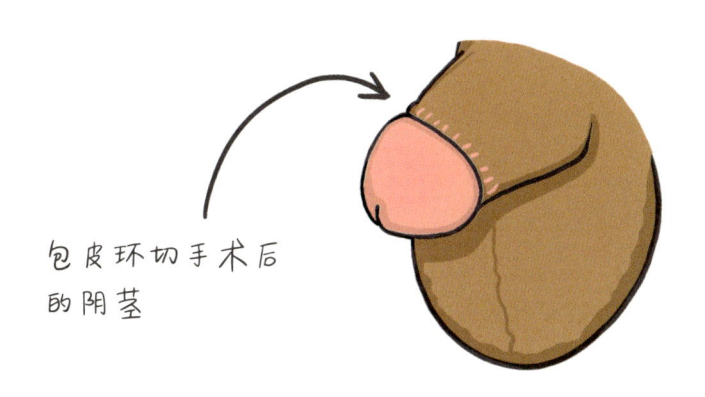

包皮环切手术后的阴茎

做包皮环切手术要去正规医院，如果在不具备合格的卫生、技术条件或者未实施麻醉的情况下实施包皮环切手术，可能会引起身体、性、情绪等方面的问题。

> 💡 如果做了包皮环切手术之后，你的阴茎感到不适，或者你对手术那一天产生了一些痛苦的回忆，请向医生或者你的家长等值得信赖的成年人寻求帮助。

自我检查

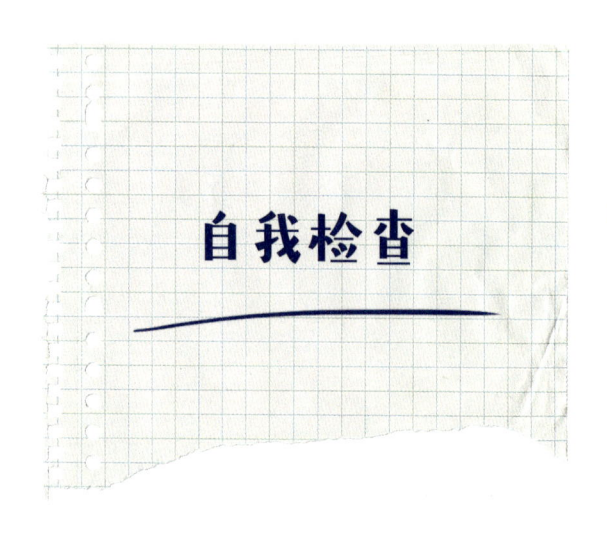

想必你已经像了解自己的双手和脸蛋那样了解你的阴茎、睾丸和阴囊了吧！现在，不妨花一点点时间来观察你的体外性器官，看看它们的形状。试着每个星期观察一次，这样你就可以看到，进入青春期后，它们是如何一点一点发生变化的。

每个人都是
与众不同的！

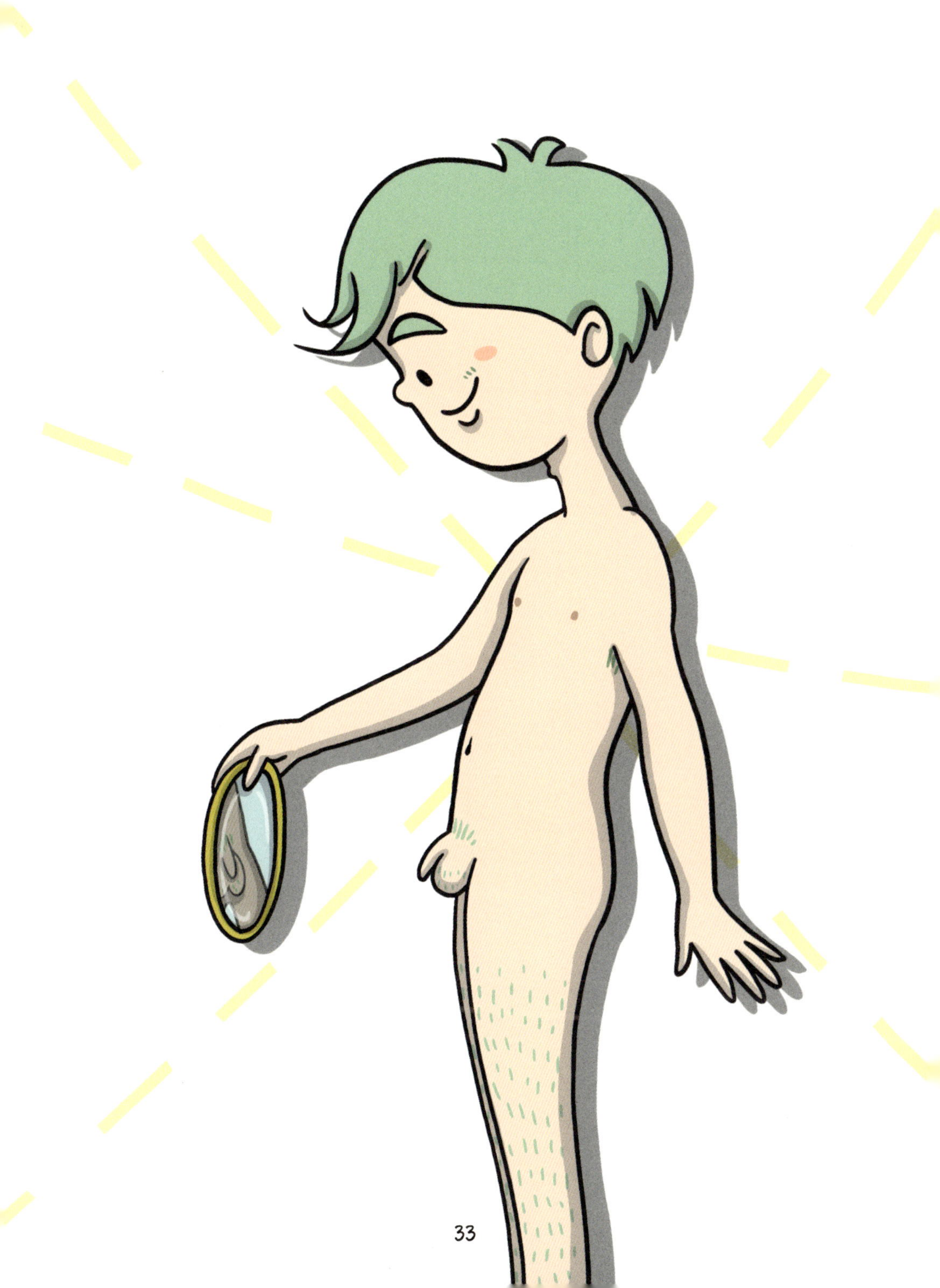

揭开勃起的神秘面纱

阴茎是如何做到在一些时候又软又小,在另一些时候却变得又硬又大的呢?在本章中,你将会了解勃起的原因、机制以及类型。

其实，你还在妈妈肚子里时就会勃起了。从出生的那一天起，你每天更是会勃起许多次。阴茎的勃起是一个奇妙的现象，我们需要搞懂它。可惜，在大多数家庭中很少谈论这个话题。

阴茎是如何做到在一些时候又软又小，在另一些时候却变得又硬又大的呢？阴茎里面有什么？骨头还是肌肉？为什么早晨醒来时你时常发现阴茎是勃起的？阴茎的勃起跟性有着怎样的联系？

接下来就让我为你解开勃起的秘密！

阴茎里有什么？

阴茎主要由两个阴茎海绵体和一个尿道海绵体构成。其中，后者包裹着尿道，防止尿道在阴茎勃起时受到挤压；同时，它也是构成阴茎头的组织。

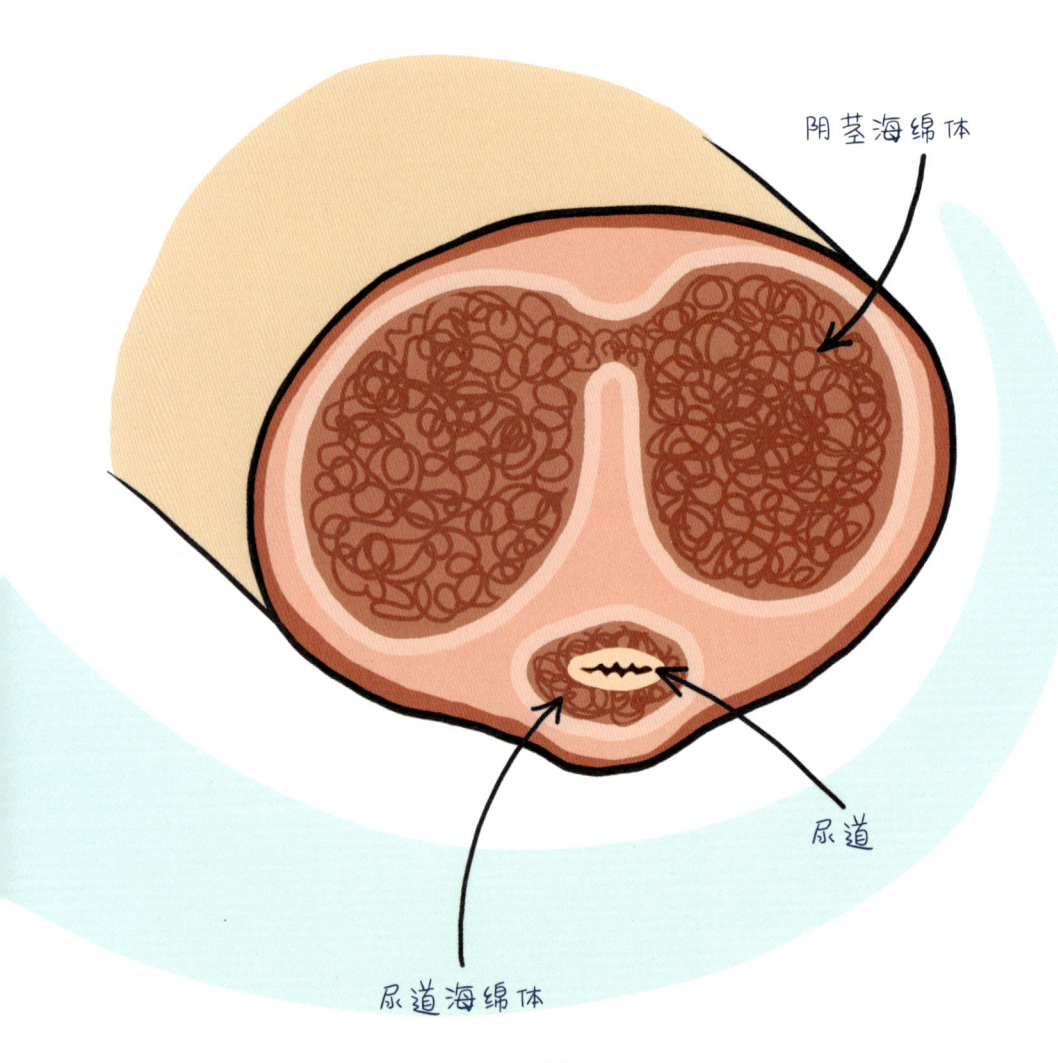

阴茎海绵体

尿道

尿道海绵体

勃起时发生了什么？

勃起之所以能够发生，多亏了阴茎海绵体。你可以把它们想象成两个球，它们通常是空心的，但当血液涌进来，并越涌越多的时候，它们就会变得又大又硬。

阴茎海绵体在内部充满血液后会关上"大门"，阻止血液进入。因此，勃起就是阴茎海绵体内部逐渐充满血液的过程。当"大门"再次打开，阴茎海绵体因血液流了出去再度变为空心，勃起也会随之消失。

勃起的程度与进入阴茎海绵体的血量有关：有时只有一点，勃起就不明显；有时量很大，阴茎就变得又硬又大。

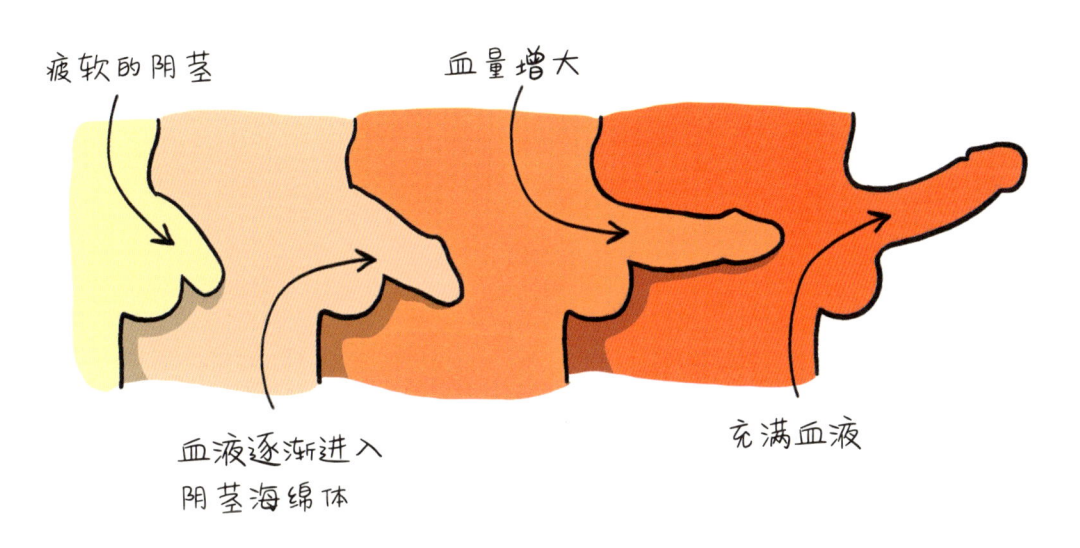

疲软的阴茎

血量增大

血液逐渐进入阴茎海绵体

充满血液

如果勃起持续数个小时，必须尽快就医，因为血液循环不畅会对阴茎造成伤害（虽然这种情况不常见，但是你需要知道如何处理）。

是什么导致了勃起？

我们刚刚了解了阴茎勃起的生理机制，那么是什么激活了这种机制？为什么会勃起？

勃起一般分为两种类型：反射性勃起和刺激性勃起。

反射性勃起

反射性勃起是身体的一种自动机制，与性无关。最常见的反射性勃起现象就是晨勃，即早晨醒来时的勃起。晨勃是非常普遍的现象，你认识的所有男性都会晨勃。没错，你的爸爸和爷爷也会。

睡觉时也会勃起，但你可能注意不到，除非你恰好醒了过来。白天，你的阴茎也会产生反射性勃起。

看杂志时勃起并不意味着你想到了性，看到一个人时勃起也不一定意味着你喜欢那个人，可能你只是恰好产生了反射性勃起。

刺激性勃起

当你受到性刺激时，阴茎也会勃起，这可能是因为你想到了一些跟性有关的事情，也可能是因为你看到或触摸到了喜欢的人，或者闻到了她的气味，听到了她的声音。

因此，你在夜间睡梦时（或醒来后发现）的勃起，既可能是反射性勃起，也可能是你梦到了一些与性相关的内容而引起的刺激性勃起。

青春期的勃起

青春期是你一生中勃起最频繁的时期。你可能会在各种情况下勃起，比如在课堂上、在更衣室、在街上、在海滩上、在公交车上……勃起也可能会在你最意想不到或最不希望发生的时候发生。

你要慢慢学会与勃起和谐相处，掌握在公共场合控制自己的生理反应的方法。

所有男性都会经历这个阶段，所以应对这些尴尬情况的最好方式就是一笑而过，和你的朋友交流分享控制勃起的小技巧也是个不错的选择。你也可以和家人聊聊。不要有顾虑，所有男性都有类似经历，女性通过她们的朋友和伴侣也多多少少对此有所了解。他们也可以与你分享非常有趣的故事！

精液的"真面目"

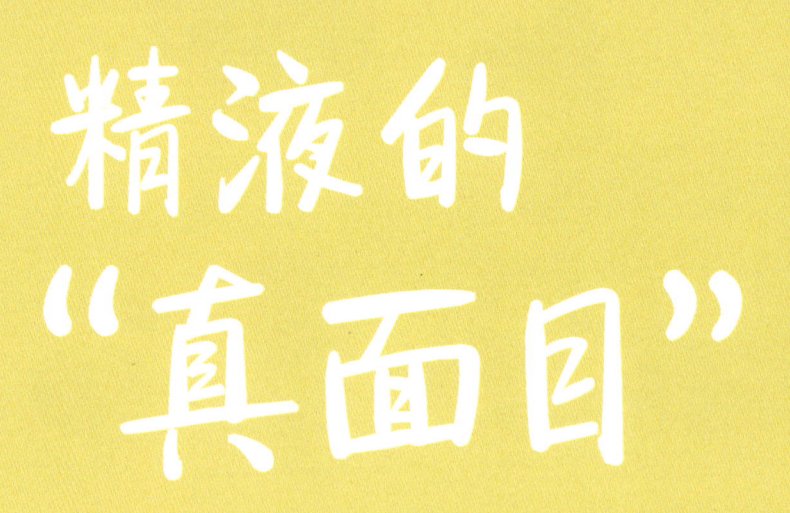

你可以把精液想象成一条小河,精子就是在河中游来游去的鱼儿,精浆则是河水。

精液是在射精过程中排出的液体，里面有成千上万的精子。只有当女性的卵子与男性的精子结合时，才有可能孕育出新生命。正是因为女性能够排卵，男性能够产生精液，我们才得以来到这个世界。

精液是一种美丽、干净、珍贵的体液，了解它是一件十分重要的事情。

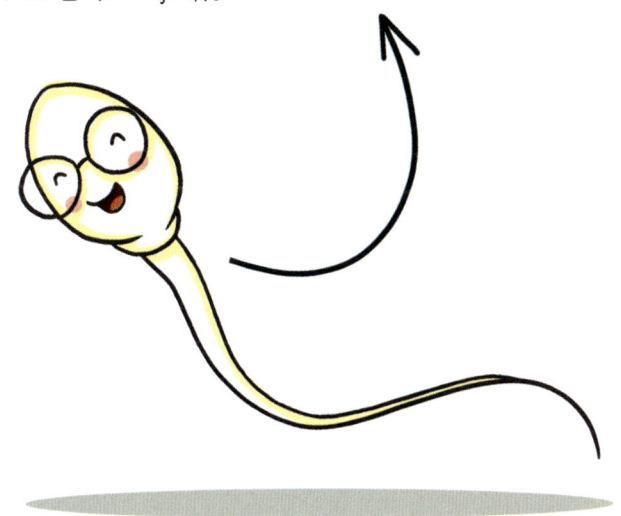

让我来告诉你它的秘密！

精液的特点

射精量

男性每次的射精量为 2～6 毫升（mL）。这一数值与性兴奋的程度和禁欲的时间有关。

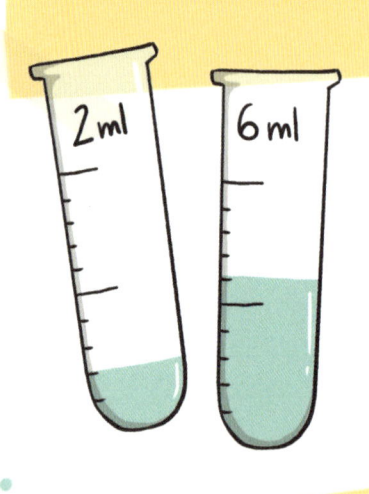

精液的构成

精液由精子和精浆构成。

每次射精中精子的数量

正常情况下，平均每次射精排出的精子量约为 2 亿个。

2 亿

射精

阴茎犹如高压水管一般射出精液，但并不是连续不断地喷出，而是以一种类似痉挛的方式分几段射出。第一段的速度通常能达到50千米/时，也是喷射距离最远的一段。后续几段的射精量、力度（速度和距离）逐渐衰减。

50 千米/时

气味

精液的气味因饮食习惯的差异而略有不同。

颜色

精液通常呈乳白色，用水清洗后便会消失，不会留下污渍。

质地

精液呈黏稠的凝胶状，变干后会形成白斑。

精子

　　精子是男性的生殖细胞，其功能是让卵子受精。宝宝一半的遗传物质来自父亲的精子，另一半则由母亲提供。遗传物质决定了宝宝将来的样子，如头发的颜色、鼻子的形状、生理性别等。

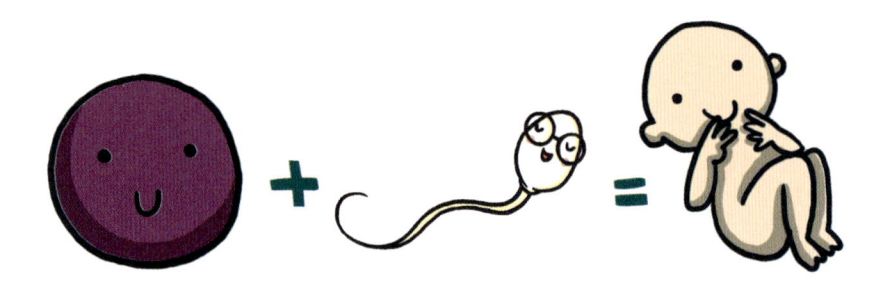

精子的任务：

① 找到卵子；

② 为宝宝提供一半的遗传物质。

　　精子非常小，大约只有 60 微米①长，因此肉眼不可见。通过下图，我们可以直观地感受到精子的大小：1660 个精子首尾相接地排成一排大约有 10 厘米长。

---

① 1 微米等于 1 米的百万分之一。

精子的三个组成部分

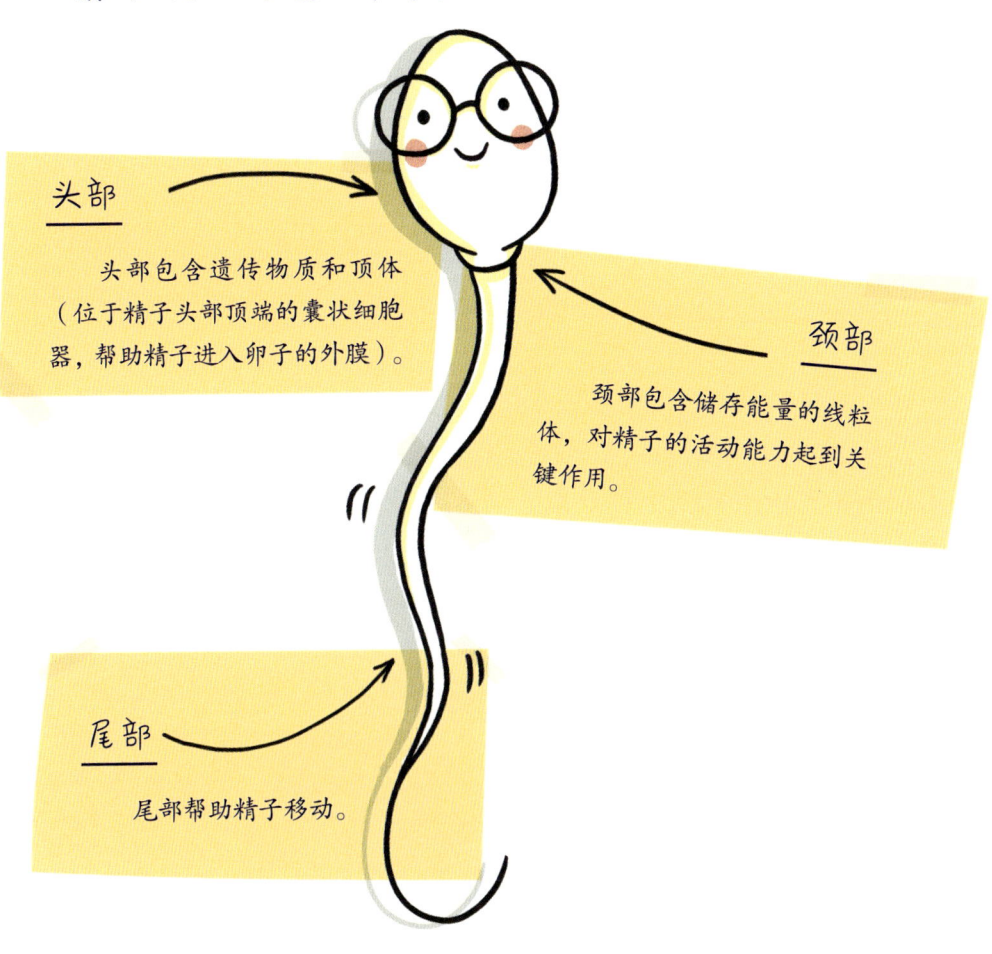

头部

头部包含遗传物质和顶体（位于精子头部顶端的囊状细胞器，帮助精子进入卵子的外膜）。

颈部

颈部包含储存能量的线粒体，对精子的活动能力起到关键作用。

尾部

尾部帮助精子移动。

精子非常小，所以走得很慢，每分钟只能移动 3 毫米。不过幸好精子不是只能借助尾巴移动。在射精时，它能够获得巨大的助力，从而以很高的速度冲向卵子，省去了一段"艰辛"的路程，也降低了女性的宫颈黏液（在女性排卵期间，该液体可以使精子更容易通过阴道进入子宫）的"工作难度"。

精子从哪里来？

精子产自睾丸，在附睾中发育成熟并储存其中（精子从产生到成熟大约需要三个月）。射精前，精子通过输精管到达输精管壶腹（位于输精管末端），等待射精时排出。射精完成一段时间后，输精管壶腹会被再次填满。

从你的睾丸第一次产生精子开始，一直到你死去，精子都在你的睾丸和附睾中生生不息：有的刚刚诞生，有的诞生了几周，还有的已经做好准备等待射出。

如果一段时间之后，精子没有通过射精的方式排出，它们就会老化、死去，分解为其他物质，被身体再次吸收或排出。

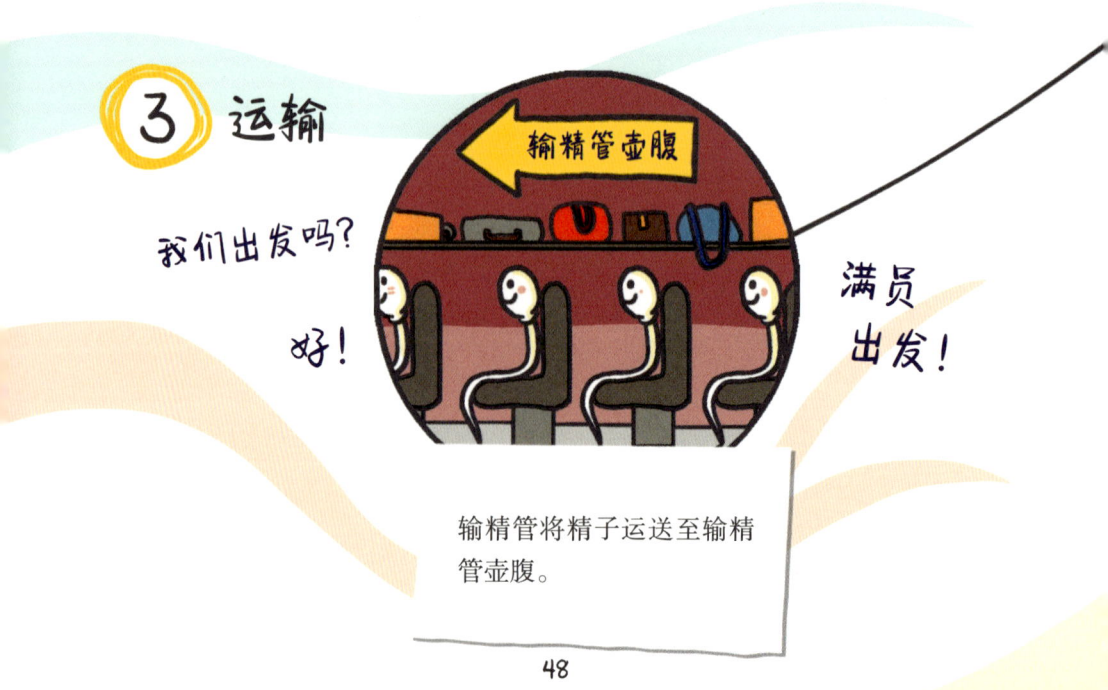

3 运输

我们出发吗？

好！

← 输精管壶腹

满员出发！

输精管将精子运送至输精管壶腹。

② 精子成熟并被储存起来

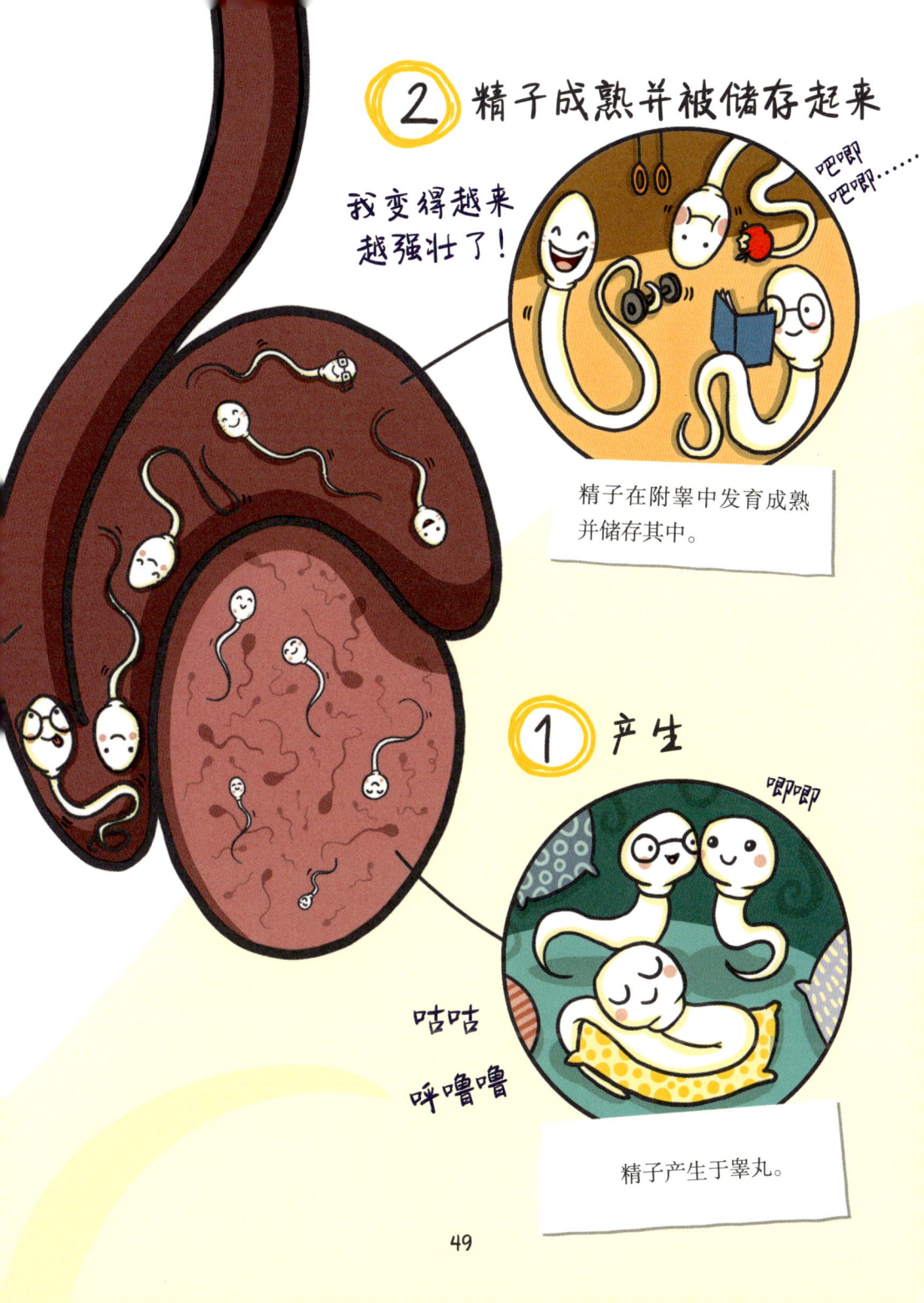

我变得越来越强壮了!

吧唧吧唧……

精子在附睾中发育成熟并储存其中。

① 产生

叽叽

咕咕

呼噜噜

精子产生于睾丸。

阴囊——睾丸温度的调节器

为了生产健康的精子,睾丸的温度必须比人体其他部位的温度低大约2℃。正因如此,睾丸才会悬挂在体外,而不是和其他器官一样位于体内。

为了更精确地调节温度，睾丸拥有了阴囊这一"装备"，也就是包裹它的那一层皮肤。

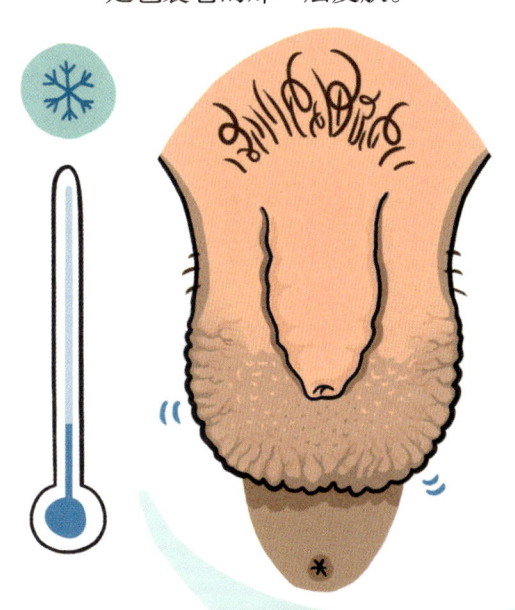

天气冷时，阴囊收缩，使睾丸贴近人体，以便取暖。

天气热时，阴囊舒张，使睾丸远离人体，从而保持其凉爽。

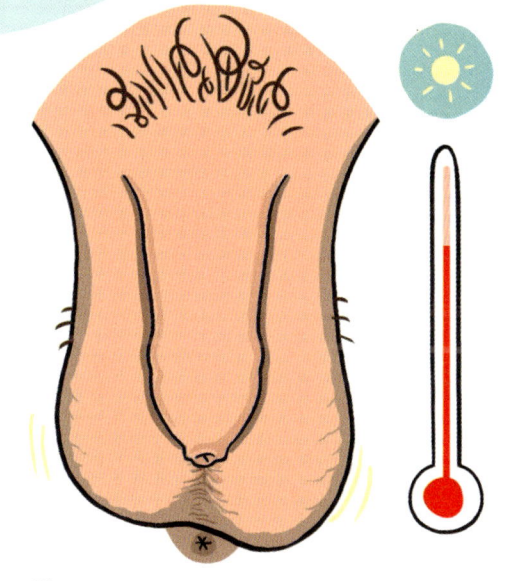

精浆

精液是精子和精浆的混合物。精液中 90% 的物质都是精浆,正是它们在射精时运送精子。

精浆主要产自三个不同的部位:精囊、前列腺和尿道球腺。绝大多数精浆产自精囊和前列腺,它们于射精前在尿道中与精子混合。在精浆中,我们也会发现一些尿道球腺液的踪影,它们在射精过程中被一并排出。

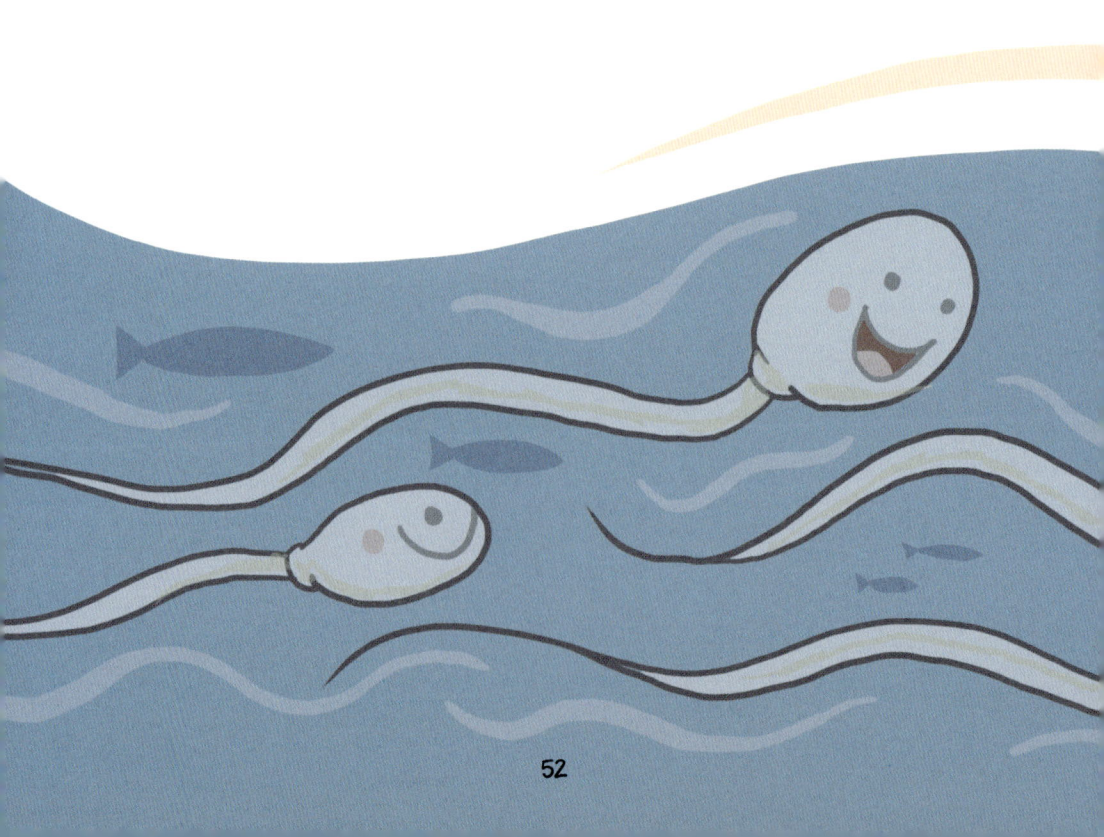

你可以把精液想象成一条小河，精子就是在河中游来游去的鱼儿，精浆则是河水。

射精

③ 准备

即将在下一次射精中射出的精子在输精管壶腹内"整装待发"。

好紧张呀！

我想出去……

我的帽子不见了！

④ 混合

射精前，身体会将精子和精浆释放到尿道，让它们混合在一起形成精液。同时，尿道内部的压力不断增大。

你压到我了！

泡在里面真的太舒服了！

⑤ 发射

尿道的"大门"打开，精液通过尿道冲向尿道口。精子可以借助这股喷射力到达阴道深处等地，而无须自己游动。

准备就绪，发射！

② 运输

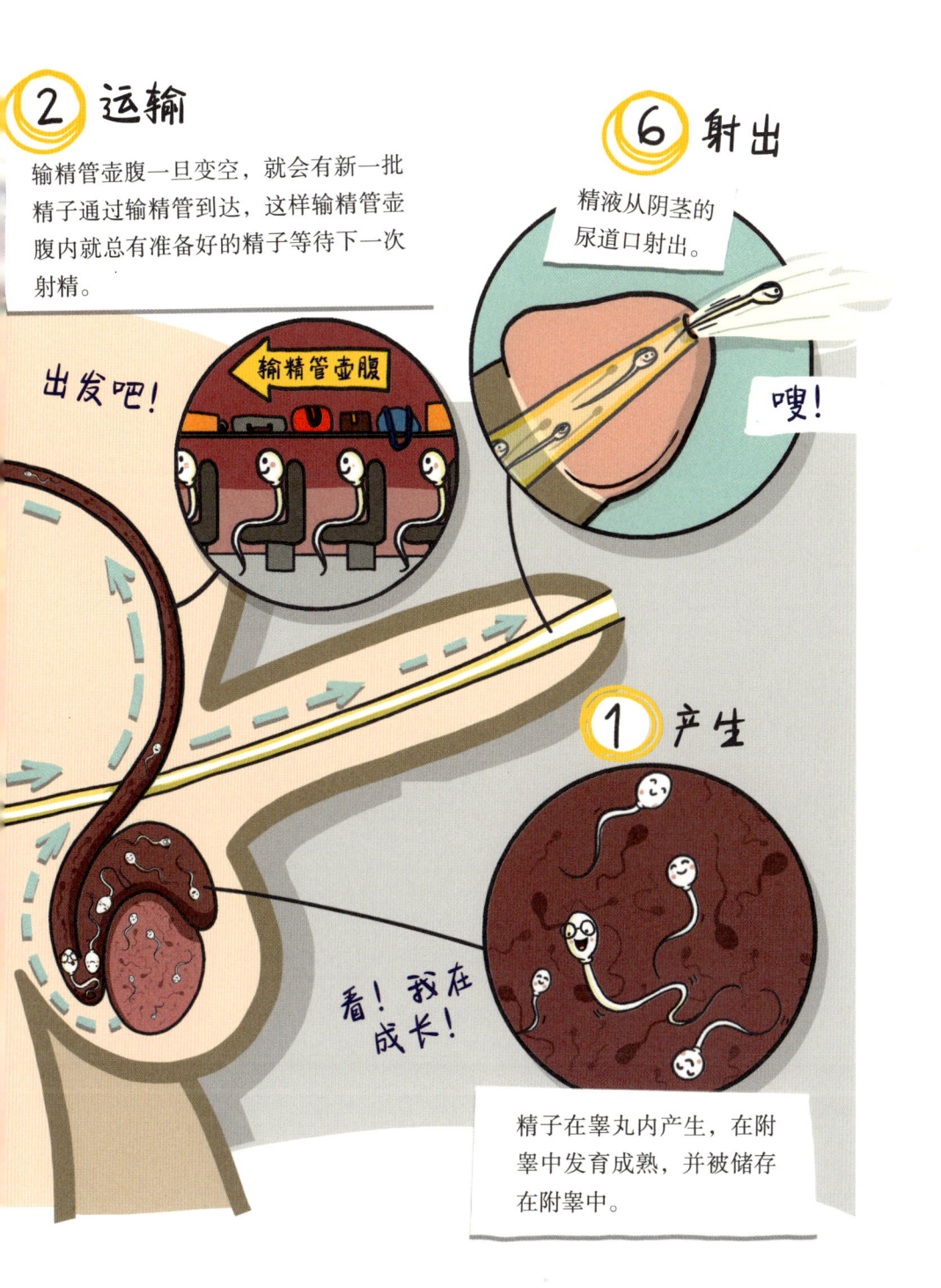

输精管壶腹一旦变空，就会有新一批精子通过输精管到达，这样输精管壶腹内就总有准备好的精子等待下一次射精。

⑥ 射出

精液从阴茎的尿道口射出。

嗖！

输精管壶腹

出发吧！

① 产生

看！我在成长！

精子在睾丸内产生，在附睾中发育成熟，并被储存在附睾中。

射精的条件

不是任何情况下都会射精,有下列行为之一时,你才会射精:

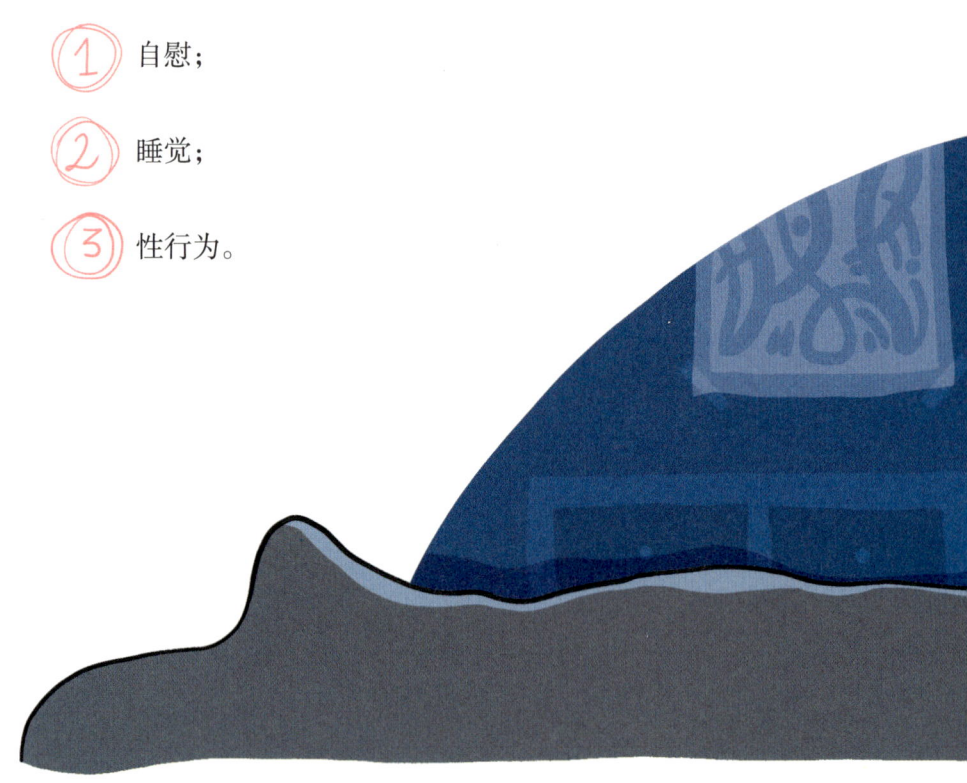

① 自慰;

② 睡觉;

③ 性行为。

你可能会在公共场所勃起,但是不会在教室、公交车或者大街上射精。只有在私密空间里睡觉、自慰或者发生性行为时,你才会射精。

射精之前还会出现阴茎勃起或到达性高潮的现象,但它们并不是必要条件:有时候没有到达性高潮也会射精,也有到达性高潮却没有射精的情况。

梦中射精——梦遗

等等！梦中射精？是的，你没有看错，你熟睡时也会射精。请想一想，平日里你是否经常在深夜勃起？在少数情况下，勃起之后还会射精。这揭示出一个规律：每个夜晚你都会勃起，但很少会射精。

当然，梦遗并不总是因为你做了一些与性有关的梦，有时候仅仅是因为生理机制。

梦遗这一现象在男性的整个生育期里都会出现，但在青春期更加常见，也有一部分男性从来没有经历过梦遗。

关于尿道球腺液，你必须知道

我们无法控制尿道球腺液的产生，通常也察觉不到它的出现。然而，你需要知道的是，尽管注意不到，但是从进入性兴奋状态的那一刻开始，你可能就在分泌尿道球腺液了。尿道球腺液中有时会掺入精子，这也会导致怀孕。

在性兴奋或者勃起状态时，尿道球腺可能会分泌尿道球腺液，不过量很少，通常难以察觉。尿道球腺液中有时会掺入精子，这也会导致怀孕。

让我来向你详细介绍介绍吧！

尿道球腺液的特点

分泌量

尿道球腺液没有固定的分泌量，年龄、性兴奋的程度等都会影响其分泌量，简单来说就是因人而异，因时而异。有时我们的身体不会分泌尿道球腺液，有时却可能反复分泌多次。

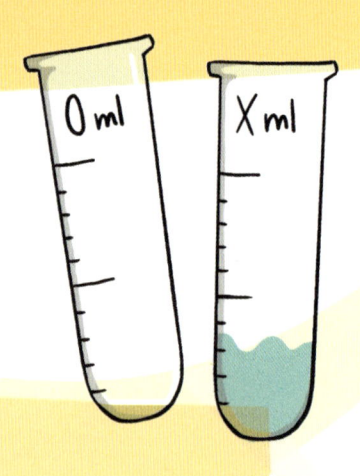

是否含有精子

尿道球腺液中有时含有精子，有时不含精子。

排出

尿道球腺液不会像精液那样喷射而出，而是从尿道口流出一两滴。

颜色

尿道球腺液是透明的，用清水便可以洗干净，不会留下污渍。

气味

无味。

质地

尿道球腺液质地黏稠，类似蛋清。

关于尿道球腺液，你必须知道的知识

尿道球腺液产生自尿道球腺，经尿道排出。它有以下作用：

润滑尿道；

清洗尿道，使射精更加通畅，从而射得更远；

保护精子免受尿道中酸性物质的侵蚀。

在性兴奋状态下的任意时间点，你都可能分泌尿道球腺液。因此，当你在勃起状态下发现内裤湿了，并不意味着你已经射精了，也可能是分泌了尿道球腺液。

我们无法控制尿道球腺液的产生，通常也察觉不到它的出现。然而，你需要知道的是，尽管注意不到，但是从进入性兴奋状态的那一刻开始，你可能就在分泌尿道球腺液了。

② 清洁

尿道球腺液会沿着尿道一直"行进",直到排出体外。在这一过程中,尿道球腺液会将尿道中残留的精液和尿液一并带走。

我会将尿道打扫得干干净净!

① 产生

尿道球腺分泌尿道球腺液。

③ 排出

尿道在我的打扫下变得光滑洁净!

尿道球腺液流出尿道口。

尿道球腺液中包含鲜活的精子吗？

虽然精子主要存在于精液中，但有时尿道球腺液也会携带尿道中残留的精子。

我们无法确定尿道球腺液中什么时候会带有精子，因为无法通过肉眼观察到。因此，发生性关系时，尿道球腺液进入阴道也有可能致孕。

此外，当你快要射精时，也会有少量液体从尿道口流出。此时往往难以分辨这是精液还是尿道球腺液。如果是精液，里面会含有大量鲜活的精子。

性兴奋状态下从阴茎中流出的任何液体都有可能携带精子，并**导致怀孕。**

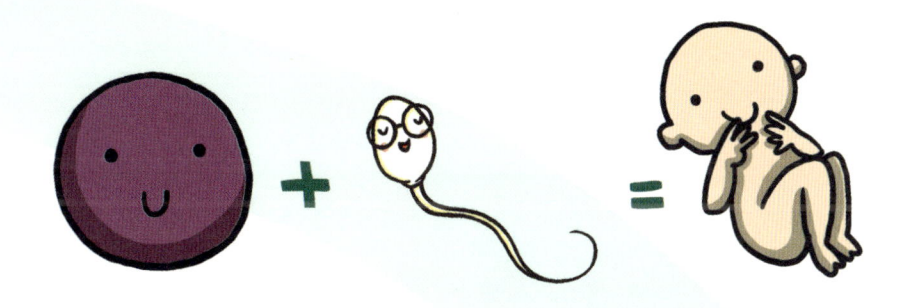

与性相关的知识

尽管与性相关的事情往往在初精到来的许多年后你才会慢慢经历，但是你有必要从现在就开始了解相关知识，这样，当这些时刻到来时，你才能从容应对。

青春期开始，你可能比以前更容易受到异性吸引，你可能会恋爱，还想与心仪的异性有更亲密的身体接触。你可能还会产生自慰的冲动。尽管与性相关的事情往往在初精到来的许多年后你才会慢慢经历，但是你有必要从现在就开始了解相关知识，这样，当这些时刻到来时，你才能从容应对。

且听我一一道来！

你会产生哪些感觉？

进入青春期后，你的性器官会开始产生前所未有的感觉。尽管你的性器官可能曾给你带来快感，但此时的感觉会有所不同，且更加强烈。

我们在一生中都会产生性反应，但是从青春期开始，这种反应会更加频繁，更加强烈。性反应一般可以分为三个阶段，有时你处在第一阶段，有时处在第二阶段，有时也会到达第三阶段。

① **欲望阶段**：你会感到愉悦，身体产生触电一般奇异的感觉。

② **兴奋阶段**：你的阴茎充血勃起，可能还会流出尿道球腺液；盆底肌开始收缩；心跳加快，呼吸变得急促；脸发红发烫；体温上升，开始出汗；感到好像无法完全控制自己。

③ **高潮阶段**：你的快感到达极致并一下爆发出来，你的生殖器乃至全身的肌肉快速收缩；那一瞬间你会感觉自己停止了思考，整个人轻飘飘的，那种感觉独一无二。

高潮过后，你会身心愉悦，同时也会感到一阵困乏，这种状态通常持续几秒或者更久。经过休息后，你会感到十分放松、平静。

什么是自慰？

自慰是指抚摸、摩擦、揉搓自己的生殖器，从而产生性兴奋和性快感。通过自慰，你可以探索并更深入地了解自己的性器官以及对于性的感受。

自慰的过程通常还伴随着其他刺激，比如气味、声音、感觉、味道、图像、性幻想等能够让你兴奋的事物。其中，性幻想是你的大脑以你喜欢的人、发生过的事情或你希望发生的事情为基础产生的幻想。

男性在不同的时期都有可能自慰，但青春期是大多数男性自慰最频繁的时期，因为：

① 在青春期，男性对自己的身体和性充满好奇，想要探索；

② 青春期是性激素分泌最旺盛的时期，容易产生强烈的性欲；

③ 自慰是很多处于青春期的男生唯一可以探索性的方式；

④ 青春期的男生通常面临许多压力，自慰在一定程度上有助于解压放松。自慰时，你会逐渐停止思考，而把更多的空间留给内心和感受。

不过要注意，过于频繁的自慰行为也会影响身体健康和精神状态。

什么是性关系？

尽管与性相关的事情在初精到来的许多年后你才会慢慢经历，但是你有必要从现在起就了解相关信息。只有这样，你才能做好万全的准备来迎接这些时刻到来。

也许你隐约知道，"发生性关系"意味着男性和女性之间有性行为。

事实上，一段健康的性关系所包含的内容远不止于此。比起性行为本身，更重要的是双方对爱的表达。

你需要知道，无论什么时候都要充分尊重对方。如果身体接触让彼此感到不适，你们都有权利说"不"。只有在双方都同意并且都感到愉悦的情况下，身体接触才是被允许的。

我们可以通过许多途径来表达爱意，除了牵手、拥抱、亲吻这样的身体接触，还可以用表情、语言等。性行为作为最深层次的身体接触，也伴随着风险，这些风险是处在青春期的你无法承担的。因此，我希望你早点儿了解这些风险，比如我们后面会讲到的意外怀孕。

你需要知道哪些知识？

鉴于你可能会在很多年后经历性行为，作为准备，现在你真正需要知道的是……

你真正需要知道的是……

如何避免
意外怀孕

如何预防
通过性行为传播的
疾病

两性关系中的
基本准则

两性关系中的基本准则

准则一：彼此喜欢是两性关系的基本前提。

准则二：对方的明确同意是发生性关系的必须条件。

以下情况意味着对方未同意：

对方直接表明不想发生性关系；

对方没有拒绝，但也没有答应；

对方意识不清或没有判别能力，如睡着了、喝醉了、因生病而丧失了意识……

> 违背对方意愿——在对方没有判别能力或意识不清时，与其发生性关系是违法行为。

准则三：不与未成年人发生性关系。

未满 14 周岁的未成年人不可以与任何人发生性关系。

在法律上，16 岁以上的人与未满 14 周岁的未成年人发生性关系属于违法行为，不管该未成年人是否出于自愿、是否意识清醒。

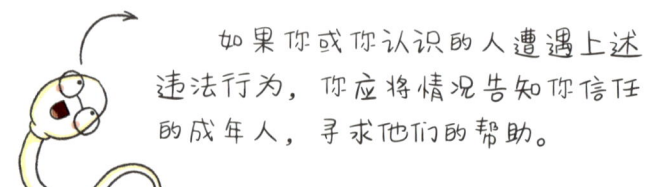

如果你或你认识的人遭遇上述违法行为，你应将情况告知你信任的成年人，寻求他们的帮助。

> 任何人都不应该隐瞒这些违法行径。如果有人遭到侵害，我们应当给予帮助。

通过性行为传播的疾病

有些疾病是通过性行为传播的,如梅毒、淋病、尖锐湿疣、生殖器疱疹等,最严重的当数艾滋病。

当你与另一个人发生性关系时,你无法确定其是否携带导致上述疾病的病毒,避免感染此类疾病的唯一方法就是做好防护措施。

你必须清楚地知道自己的阴茎、精液和尿道球腺液在正常情况下是什么状态,这样才能迅速察觉到异常,及时就医。

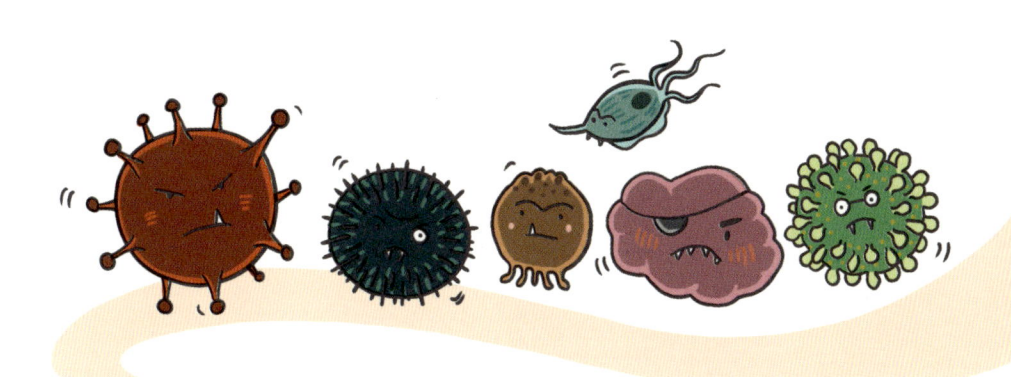

如何避免意外怀孕

对于这个话题,我会在下一章详细介绍。

管理好你的"超能力"

青春期的少男少女身心都尚未成熟，不具备抚养孩子的能力，但有必要知道受孕的过程以及如何避免意外怀孕。

从初精开始直至生命的尽头，你都具备一项不可思议的能力：给世界带来新的生命。这简直就是一种超能力。

在生育期，有的时候你会想，要是能有自己的孩子就好了，但有的时候你又会否定这种想法。从现在起，学习管理自己的"超能力"，这样当未来的某一天你想与一名女性发生性关系或者想有自己的孩子时，才能做出正确的决定。

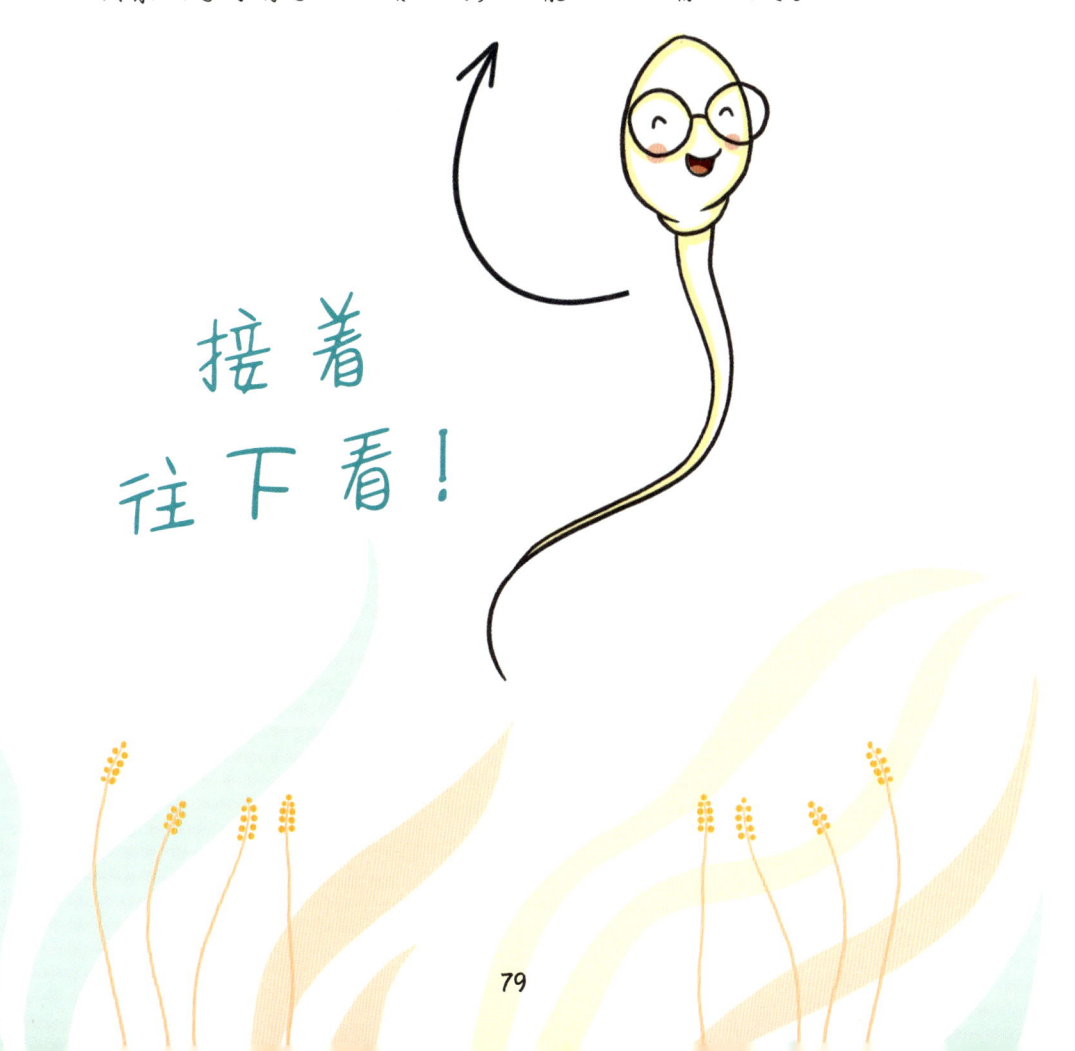

接着
往下看！

成为父亲意味着什么？

当你的精子与一名女性的卵子相结合，便意味着你可能会拥有自己的孩子，成为一名父亲。不过，这只是给你冠上了"父亲"的头衔。要想成为一名真正的父亲，你还有许多事情要做。你必须照顾、抚养这个新生命。

作为父亲，你要爱他、照顾他、抚养他、支持他与倾听他。你要耐心地清理他的排泄物。在深夜，你要忍着困意，无数次地从床上爬起来，无微不至地照看他。

作为父亲，你要将这个世界的美展现给他，用你的成就和学识启迪他，将你的乐观和活力传递给他。当他沮丧、迷茫、生气、烦躁和焦虑时，你要给他一个拥抱。你要教育他，告诉他什么时候该做什么，什么时候不该做什么。你要全身心、无条件地爱他。

成为父亲就是要学会吸收世间的真善美，将其转化为爱，传递给自己的孩子。

父亲很伟大，但也很辛苦

在怀孕、分娩以及哺乳的过程中，母亲将自己的爱和能量毫无保留地奉献给宝宝，与宝宝建立了亲密的关系。父亲在这一过程中跟宝宝没有任何生理上的接触，因此，如果没有在宝宝身上花费足够多的时间，你很难与其建立亲密的关系，正如许多父亲最初面对孩子时会手足无措。

宝宝在刚出生的几个月里几乎与母亲形影不离（除非母亲无法在其身边），很少与其他家庭成员待在一起。如果你多花时间陪伴他、了解他、照顾他，慢慢地，他会越来越愿意跟你待在一起。

在宝宝出生后的几年内,夫妻生活以照顾宝宝、工作、做家务为主,基本没有时间和精力做其他事情。因此,有了自己的宝宝虽然是一件很美妙的事情,但同时也很辛苦。

对父亲来说,这段时期会很难熬,因为不管是伴侣还是孩子,都不会把精力放在自己身上。这是一场爱的考验:照顾他们却不要求任何回报。同时,这也是对夫妻二人默契的考验。只有通过这些考验,才能迎来更美好的未来。

想要成为父亲的想法

"想要成为父亲"这种想法有时来自生理冲动,有时来自内心对伴侣的爱,有时是脑海中一闪而过的念头,有时是意识最深处坚定的信念。这是一种非常个人化的感觉,每个人会以自己的方式感受到它。有时它很微弱,如同耳边的轻语;有时它又强烈如飓风,侵袭着你的生活。

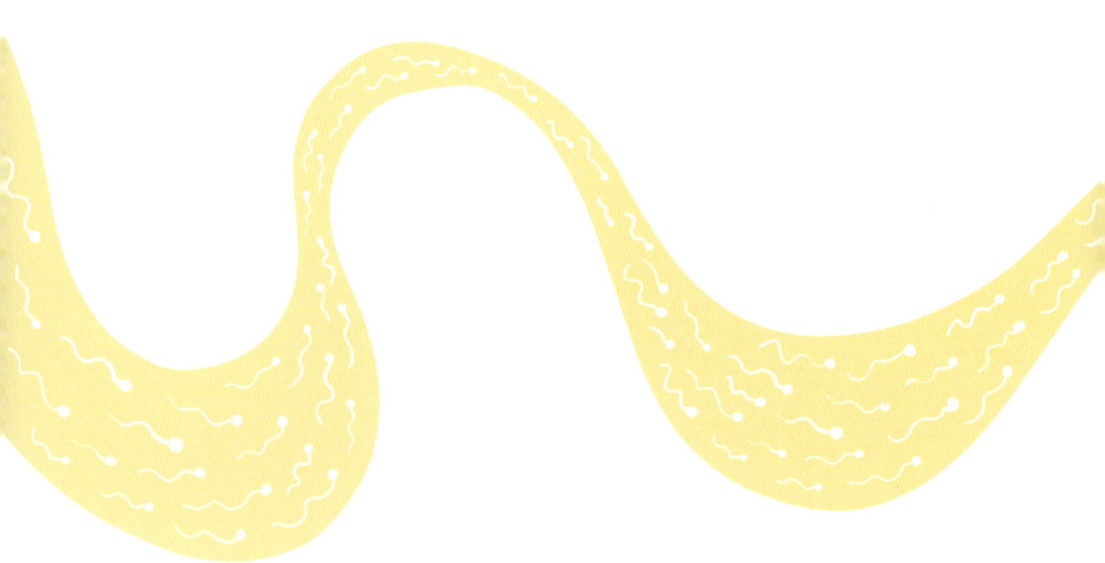

有的男性从来没有过这种想法,有的男性会在伴侣怀孕时萌生这种想法,还有的男性很早就决定不要孩子,想将自己的精力用在他们认为重要的事情上。

如今,越来越多的人选择晚育,但很多男性始终会有成为父亲的想法。从生理上来说,初精之后,男性就具备了给世界带来新生命的能力,有这种想法再正常不过。

"超能力"的背后是重大的责任

然而，想成为父亲和成为父亲是两码事。成为父亲是一种美妙的经历，但是也担负着重大的责任，需要倾注大量的时间和精力。

处于青春期的你身心尚未成熟，不具备抚养孩子的能力，谈成为父亲为时尚早，但有必要知道受孕的过程以及如何避免意外怀孕。

受孕的过程

⑤ 受精

精子将自己的头部伸入卵子的细胞膜，使其受精。接着，精子的尾部脱落，卵子的细胞膜发生变化，阻止其他精子进入。男女双方的遗传物质在此刻融合在一起。

报告！任务完成！

② 射精

阴茎在阴道内射精。

卵巢

① 性行为

阴道性行为是最常见的受孕形式，指在性行为的过程中，男性的阴茎进入了女性的阴道。

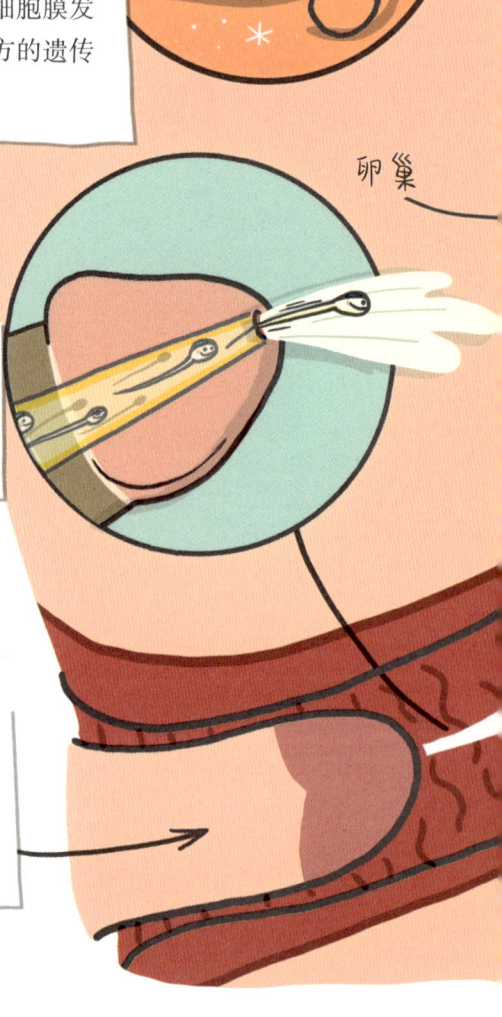

输卵管

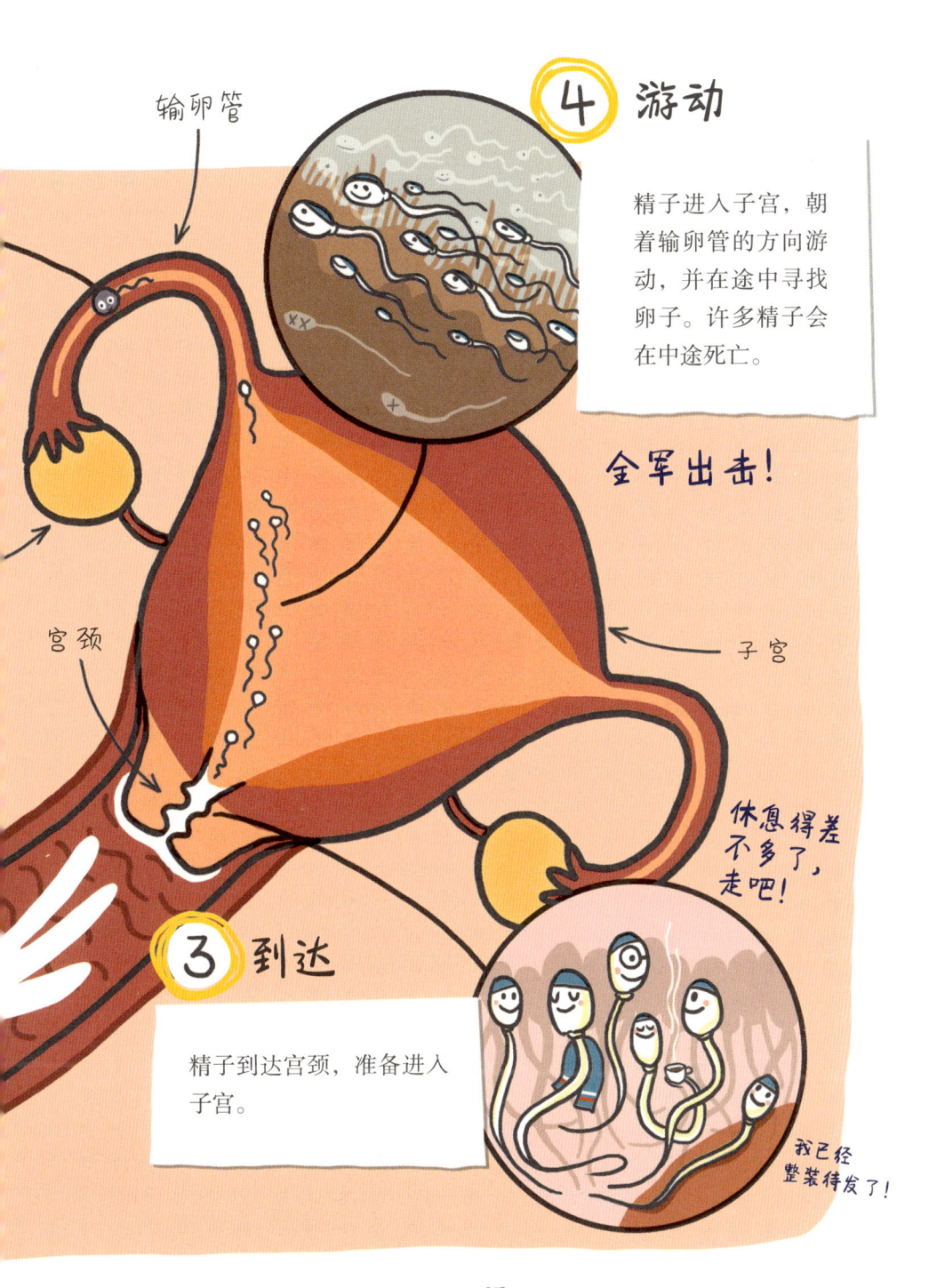

4 游动

精子进入子宫，朝着输卵管的方向游动，并在途中寻找卵子。许多精子会在中途死亡。

全军出击！

子宫

宫颈

休息得差不多了，走吧！

3 到达

精子到达宫颈，准备进入子宫。

我已经整装待发了！

什么样的性行为会导致怀孕？

你已经了解了受孕的整个过程，接下来，我们就一起看看，什么样的性行为会导致怀孕。

一般情况下，满足以下两个基本条件的性行为会导致怀孕：

你是一名男性，并且你的精液正常。

你与一名已经进入生育期的女性发生性行为。

另外，性行为的形式有许多种，但只有两种有可能导致怀孕：

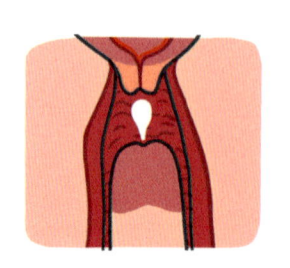

进行阴道性行为。

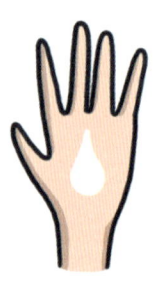

将沾有精液或尿道球腺液的手指插入阴道或触碰外阴。

打破谣言

也许你曾听说下面这些行为不会导致怀孕，但其实这些全是谣言。

谣言 1
女性第一次发生阴道性行为时不会怀孕。

事实
这种说法毫无根据。女性是否会怀孕与其是第几次发生阴道性行为没有任何关系。

谣言 2
与月经期间的女性发生性行为不会导致怀孕。

事实
女性在月经期间如有性行为，仍有怀孕的可能。

谣言 3
体外射精不会导致怀孕。

事实
体外射精是指在不采取任何避孕措施的情况下发生阴道性行为，并在即将射精时将阴茎拔出，使其在阴道外射精，或是在快要射精时再采取避孕措施。

前文我们已经讲过，尿道球腺液也可能导致怀孕。

发生阴道性行为时，有办法避免怀孕吗？

当然有！正是为了解决这个问题，人类才发明了各种避孕产品。其中，避孕套是最为常见的。在发生阴道性行为之前，将合适尺寸的避孕套套在勃起的阴茎上，便可以在接下来的过程中避免怀孕。然而，即使采取了避孕措施也不意味着万无一失，不少人在采取了避孕措施的情况下仍然意外怀孕了。

如果在发生性行为之前未能采取避孕措施，或者避孕措施失败怎么办？

① 女性可以选择服用避孕药，阻止卵子离开卵巢。为了有效避孕，要根据医嘱或说明书服用，但即便这样，也不能保证百分之百避孕。

② 如果不慎意外怀孕，女性有权选择流产。这是一个艰难的决定，对女性的身心来说都是煎熬。这时，她最需要的是支持、陪伴和休息。

这两种选择的决定权在于女性，你无权干预。你不可以强迫她服用避孕药或者流产，同样也不可以阻止她这么做。如果你不小心让对方怀孕，而又没有考虑好是否要成为一名父亲，请把最终的决定权交给对方。

> 当精子进入阴道后，你就无法决定自己是否要成为一名父亲了。因此，在一切发生前请考虑清楚！

正如之前所说，成为父亲是一次宝贵的经历，但如果你在错误的时间成为一名父亲，或者与你不爱的人有了宝宝，那不管对你、对你的伴侣，还是对宝宝来说都是一场磨难。

总结

在本章结束之前，我们来回顾一下本章的重点。

① 身处青春期的你介于男孩和男人之间，因此你有的时候不想去承担某些责任，或者仍然很贪玩。

② 在青春期，有的男性会萌生成为父亲的想法，但青春期的男性身心都尚未成熟，不具备抚养孩子的能力。

③

性行为的方式有很多种，但只有两种会导致怀孕。没有哪一种避孕措施能百分之百避孕，如果避孕失败，应由女性决定孩子的去留。

④

最后，再补充一点：世界上不存在可以百分之百避孕的方法，因此怀孕的可能性总是存在。如果女性的月经推迟，而你们没有成为父母的打算，那你很可能要为此担心害怕。

读完本章后，我希望当你今后想要与一名女性发生性关系时，问问自己此时是否真的想这么做，还是通过其他不会带来怀孕风险的方式获得快乐和幸福的感受。我相信聪明的你一定知道该怎样选择！

青春期的烦恼与快乐

青春期是你生命中一个重要的时期,你会遇到数不清的新事物,它们会让你产生各种各样的情绪和感受。只有学会聆听自己身体的声音,并充分感受自己的情绪,你才能游刃有余地面对各种情况。

生活一切顺利时，你的身体会释放出"快乐"的信号；而在需要作出一些改变时，你的身体会释放出"烦恼"的信号。你必须学会接收它们，并破解其中蕴含的信息。

让我来教你如何让它们成为你的好帮手！

人体为什么会释放出"烦恼"的信号？

人的常态应该是舒适、快乐、平静的。当你感觉舒适时，说明生活处于平衡状态，你的需求都能得到满足。

烦恼则是一盏警示灯，当它亮起时，说明你的生活中存在某些问题，需要作出改变。当你解决了这些问题，烦恼的警示灯便会熄灭。

烦恼就如同汽车的机油报警灯，或是大楼里的火灾报警器，其作用就是引起你的注意，让你发现生活中出现了哪些问题，然后解决它们。

烦恼有着不同的表现形式：

身体上：疼痛、痉挛、眩晕、刺痛、绞痛、瘙痒、胃灼热……

情绪上：愤怒、害怕、悲伤、愧疚、挫败、羞耻、暴躁、嫉妒、没有安全感……

大脑上：头痛、信息超载[①]、恍惚、注意力不集中、昏昏沉沉……

精神上：苦恼、绝望、不安、惶惑、焦虑……

---

① 大脑接受信息过量而引起的一种病症。

例如：

如果你感到背痛，可能是身体试图提醒你该站起来活动活动了。

如果你感到悲伤，可能需要缩成一团好好哭上一场，然后将该放下的放下，该解决的解决。

如果你感到头痛，也许是身体在提醒你盯着屏幕太长时间了，需要做点别的事了。

如果你意志消沉，失去方向，可能需要寻找重新与自己的内心建立连接的方式。

如何面对烦恼？

当身体发出"烦恼"的信号时，你要做的就是接收信号，确定问题所在，然后解决它。

下面的流程图会让你更加清楚如何面对烦恼。

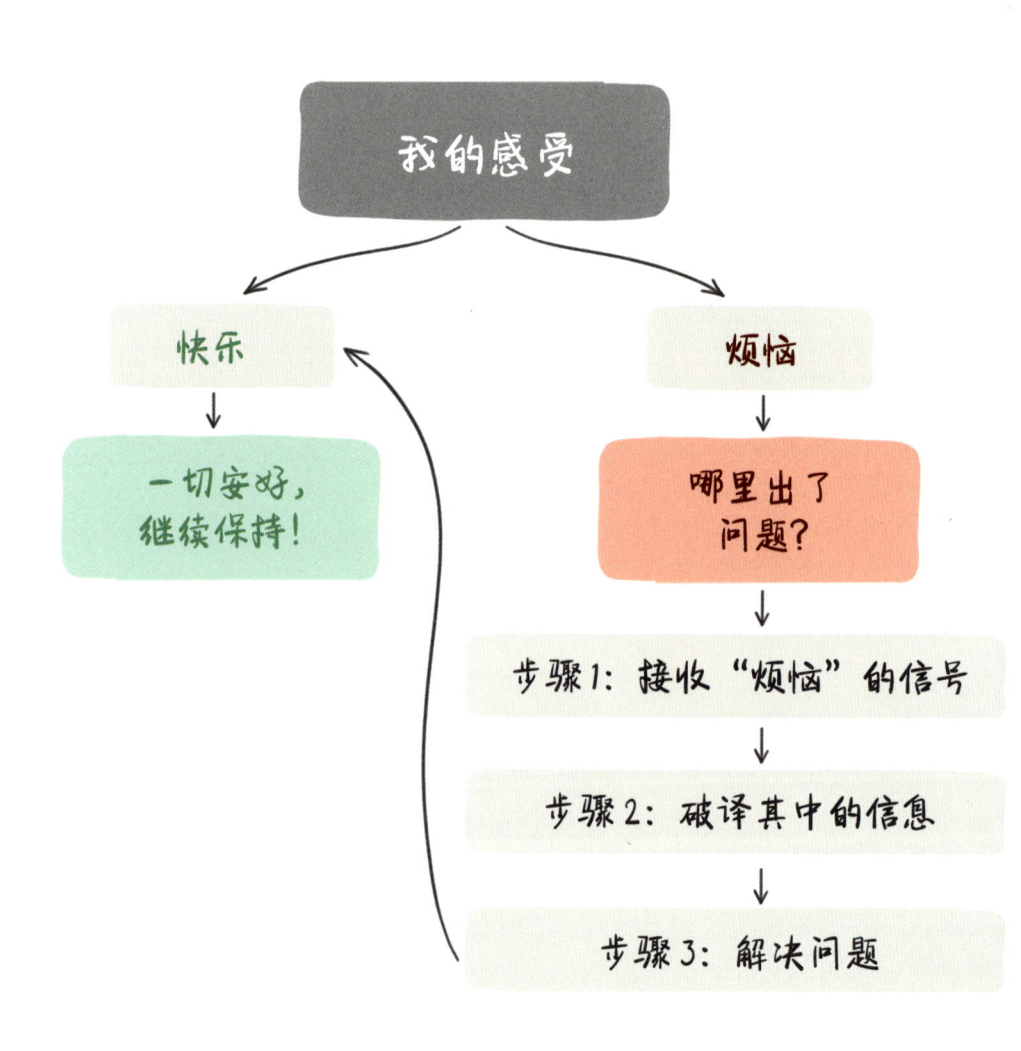

```
           我的感受
          ↙        ↘
       快乐         烦恼
        ↓            ↓
   一切安好，     哪里出了
   继续保持！     问题？
                    ↓
              步骤1：接收"烦恼"的信号
                    ↓
              步骤2：破译其中的信息
                    ↓
              步骤3：解决问题
```

步骤1：接收"烦恼"的信号

你察觉到身体发出"烦恼"的信号后，不要视而不见，不要将其掩盖，也不要转移注意力。

有时你可能想要自欺欺人，装作什么也没有发生（比如让自己保持忙碌，从而隔绝"烦恼"的警报）。然而，这么做无济于事。只有解决了根源问题，烦恼才会消失。如果你不予理睬，烦恼只会越积越多。

唯一的办法就是停下来倾听它。不管是选择独处还是与他人谈论这个问题，你都应该正视它，并让自己沉下心来，接收身体想要传递给你的信息。

与倾听烦恼并快速解决问题相比，拖延只会让你更加痛苦。烦恼永远只是过客，当你做了该做的事情后，它自会消失。之后，你不仅会如释重负，还会感受到极度的舒适与快乐。

步骤2：破译其中的信息

烦恼的根源往往是某个需求没有得到满足，而不是某个具体物品。人类都需要得到满足的需求有：

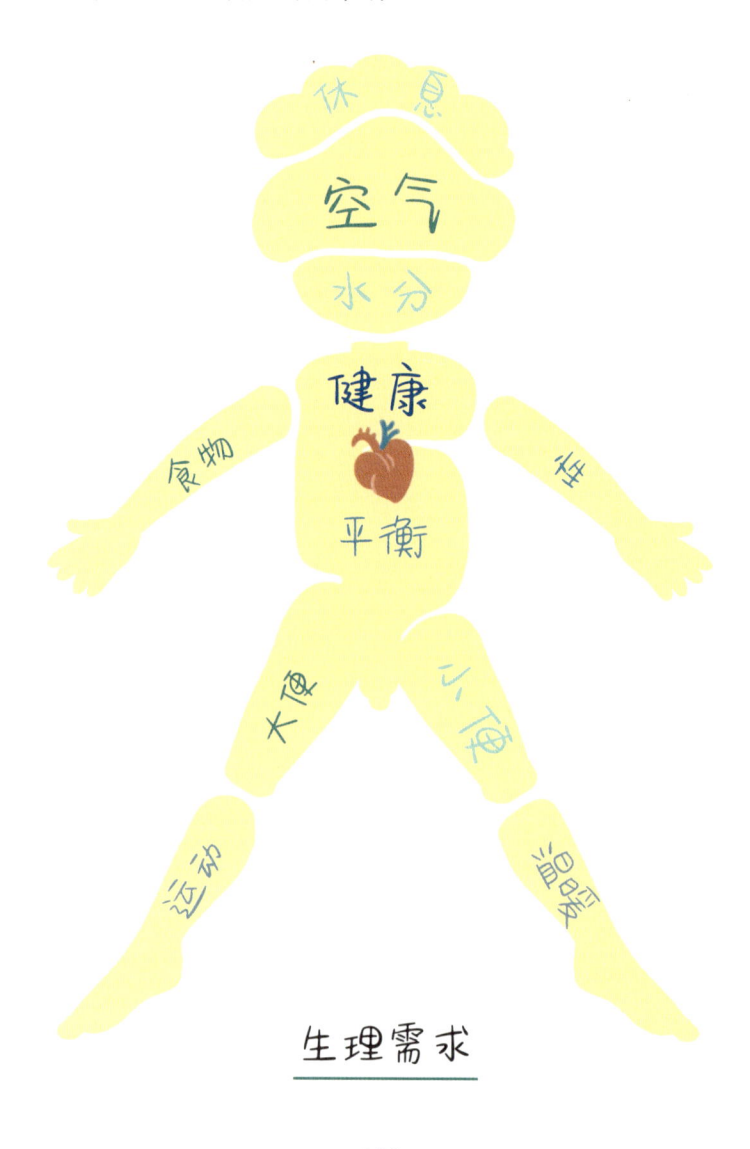

休息
空气
水分
健康
食物　　　　　住
平衡
大便　小便
运动　　睡眠

生理需求

分享　归属　自主权　美丽
安全感　羁绊　亲密　陪伴
倾听　坦诚　　　　　爱
　　幽默　　　　温暖　　自由
感恩　注意　　　喜欢
信任　　　　　　　接纳
沉默　　　　　　　直率
　　同感　　　　尊重
任性　放松　　　空间　创造力
　　和平　希望　　　和谐
　　　　支持
　　　　　表达权

非生理需求

步骤3：解决问题

一旦发现是什么需求没有得到满足，就可以解决问题了。有的问题很容易解决，比如食物需求没有得到满足时，你只需要在家里找些吃的或者去超市买点食物便可解决这个问题。

有的问题则较难解决，但是只要稍加练习，你会发现它们并没有想象中那么难。

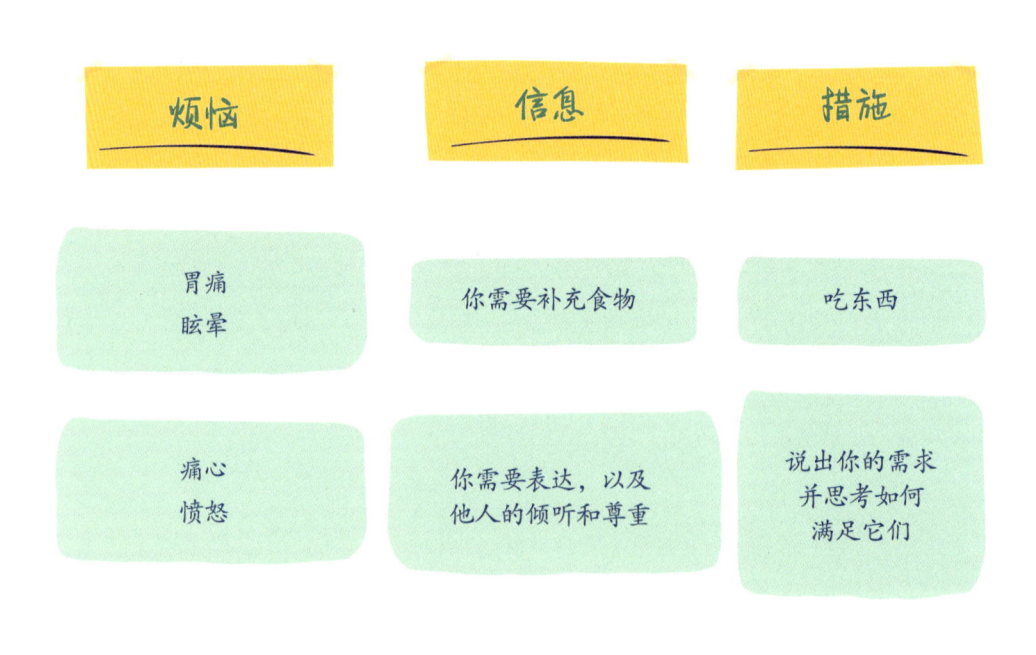

烦恼	信息	措施
胃痛 眩晕	你需要补充食物	吃东西
痛心 愤怒	你需要表达，以及他人的倾听和尊重	说出你的需求并思考如何满足它们

> 请注意，满足自己的需求并不意味着强迫别人听从你的想法。

说说你遇到了什么事？你想要什么？

① **发生了什么事？**
我正在画画，我弟弟抢走了我的纸并把它撕碎了。

② **你的感受是什么？**
我感到胃部一阵刺痛，内心十分愤怒。

③ **你需要什么？**
我需要表达，以及他人的倾听和尊重。

④ **如何表达你的诉求？**
"弟弟，你抢走了我的纸还把它撕碎，我看到后胃里感到一阵刺痛。你不尊重我，这让我很愤怒。以后在我画画时，希望你不要抢走我的纸，更不要撕碎它。"

当然，有些问题没有这么容易解决，你需要花费大量的时间和精力，但是方法跟上面一样。

当你因为失去亲人而感到悲伤时，解决措施并不是让这个人起死回生，而是尽情痛哭，释放自己的悲伤，这样情绪才会一点一点好转。

当你因为曾经受过伤害而害怕面对某件事时，解决措施不是将自己封闭起来，永远不去面对，而是表达自己的诉求，寻找重新建立安全感的方式。

面对青春期的烦恼

青春期是你生命中一个重要的时期，你会遇到数不清的新事物，它们会让你产生各种各样的情绪和感受。只有学会聆听自己身体的声音，充分感受自己的情绪，你才能游刃有余地面对各种情况。

秘诀在于不停地问自己：

① 我感受如何？

② 这种情况令我快乐还是烦恼？

人在面对新情况时通常会感到烦恼，这很正常，因为新情况会引起不安。此时，你只需要告诉自己，你之所以感到不安，仅仅是因为这是你第一次碰到这种情况。大胆地表达出你的情绪可以减轻内心的烦恼。

然而，有时烦恼是在提醒你某些事情进展并不顺利，应当作出改变。

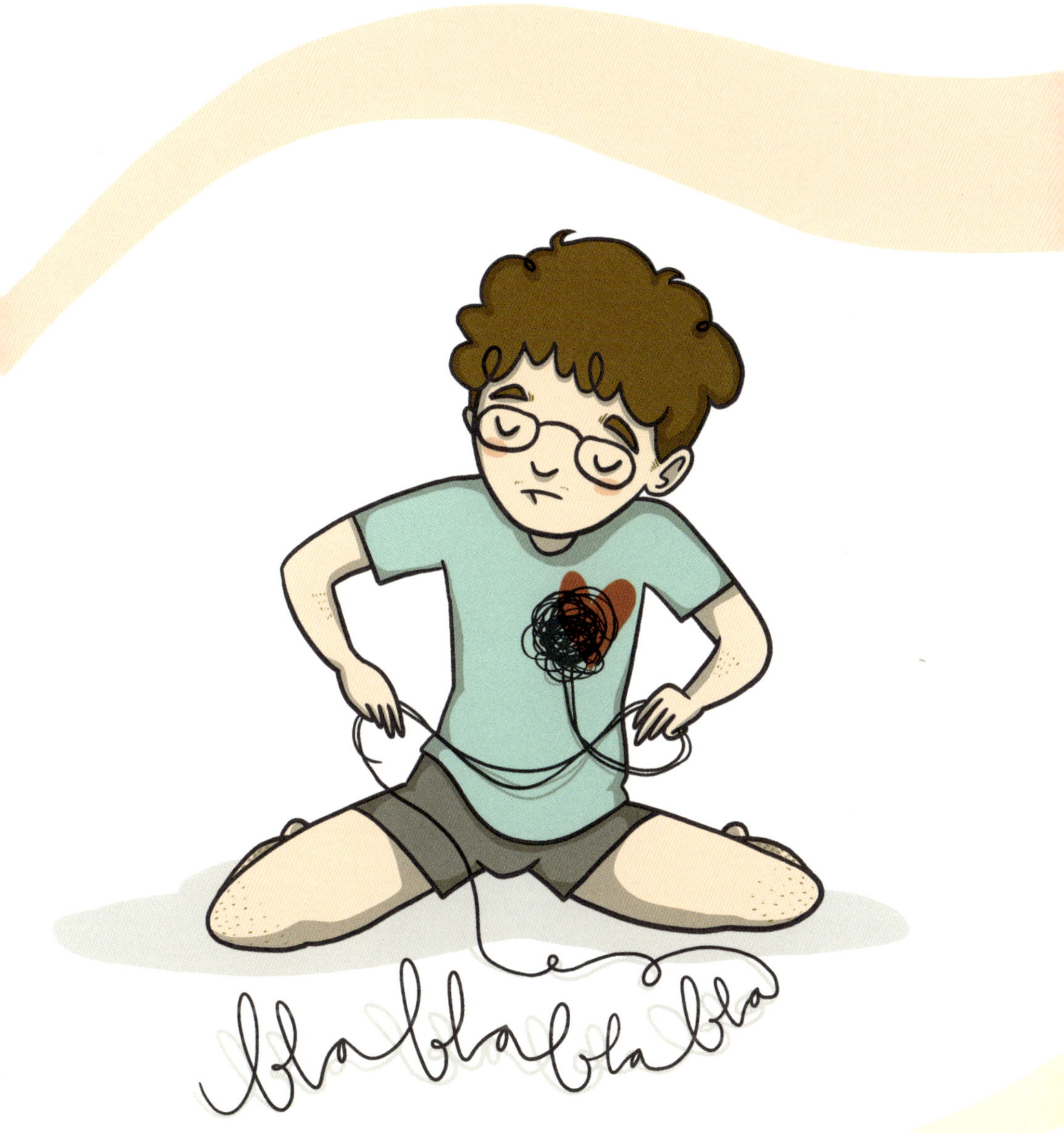
blablablabla

亲密关系中的两个人

沟通至关重要

没有了沟通,一段亲密关系中的两个人都会失去方向。每个人都需要做到以下几点:

① 知道双方的状态及情感需求;

② 与对方沟通;

③ 尊重对方,彼此包容。

即使你的心情低落显而易见，你也不能总是指望其他人会察觉到你的一切感受，并解读你情绪低落背后的原因。表达自己的感受是你的责任，因为只有你最了解自己的内心，知道是什么真正令你烦恼。

找到那个可以让你敞开心扉的人

伴侣之间的亲密不只在于身体，还在于思想与心灵。如果你想和一个人建立亲密关系，那个人必须是一个尊重你、爱护你的人，这样你才能将自己最脆弱的一面展现给对方。如果能和对方建立起信任，你会更有安全感，更愿意向对方敞开心扉。

> 亲密关系中的两个人需要互相沟通、互相尊重、互相呵护。

第一次射精发生前身体的变化

初精不会突然到访,而是在几个月或几年之前就有预兆。知道哪些事情预示着初精的到来可以让你更有自信,更能意识到自己即将迈出一大步。

初精不会突然到访,而是在几个月或几年之前就有预兆。知道哪些事情预示着初精的到来可以让你更有自信,更能意识到自己即将迈出一大步。

让我们开始冒险吧!

身体的早期变化

睾丸、阴囊和阴茎

进入青春期后,你的身体发生的第一个肉眼可见的变化便是睾丸和阴囊的发育。几个月后,阴茎也开始发育。

在青春期:

睾丸的体积变大,且还会继续发育;

阴囊变得更大,下垂的幅度更大,同时阴囊的皮肤变黑,褶皱也会增加;

阴茎变得更长、更粗,阴茎头的外观逐渐接近成年人。

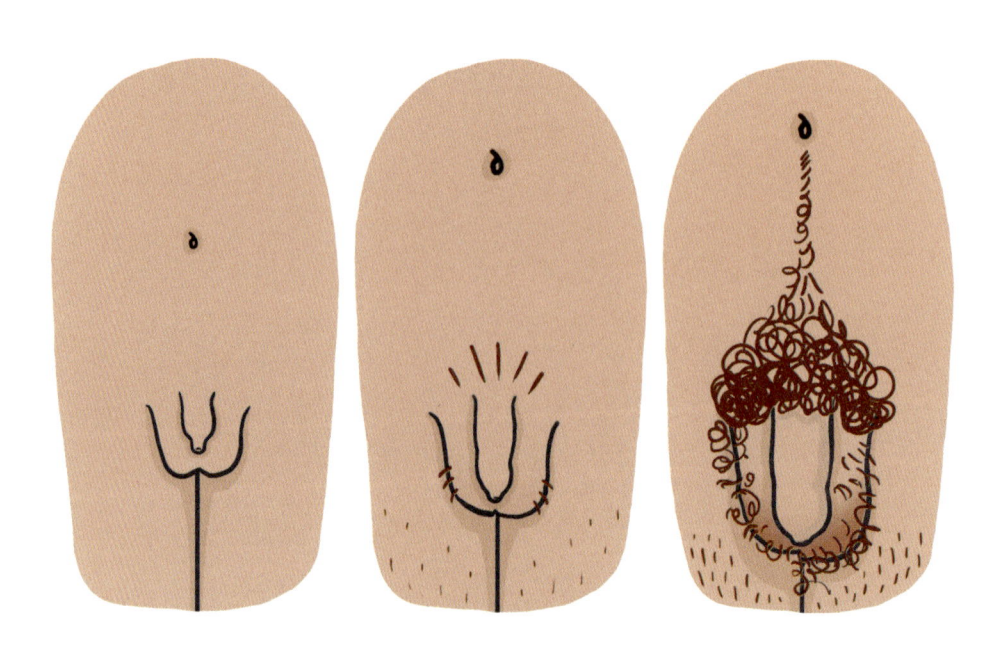

胸部

进入青春期后,许多男性会注意到自己的乳头和乳晕发生了变化。这片区域也在发育,变得没有之前那么柔软了。你还会注意到这片区域的皮肤有紧绷感,并且变得更加敏感。

受性激素或某些物质的影响,一些男性会出现乳房发育,即胸部像女性一样发育。这种情况可能会在一两年后自行消失。

体毛

睾丸开始发育后不久,阴茎根部(下腹部)和阴囊处会长出毛发。起初,这些毛发又长又软,随着时间的推移,它们逐渐变卷、变粗,且生长的范围会扩大至肛门、大腿,甚至肚脐周围。

胳肢窝、手臂、双手、腿部、脚部、胸部、腹部、背部及臀部也会逐渐生长出毛发,并且越来越多,越来越密。你还会长出胡须。

有些男性体毛十分旺盛,几乎全身上下都有;有的男性体毛很少,只有阴部、腋下和脸上才有。

同样，有些男性的胡须十分茂密，面部有一大半都被胡须覆盖；有些男性则只有一点点胡须；还有的男性一点儿胡须都没有。

声音和喉结

经过青春期,男性的声音会变得低沉。在变声期间,男性的声音可能会暂时变得沉闷沙哑(俗称"公鸭嗓")。由于喉咙和声带的变化,男性的喉结会变得更加明显。

头发和皮肤

头发和皮肤变得越来越爱出油。你可能会长出青春痘和粉刺。

身高

你的身高会在短时间内快速增长。当家人动不动就说你最近又长高了时,你可不要不耐烦。

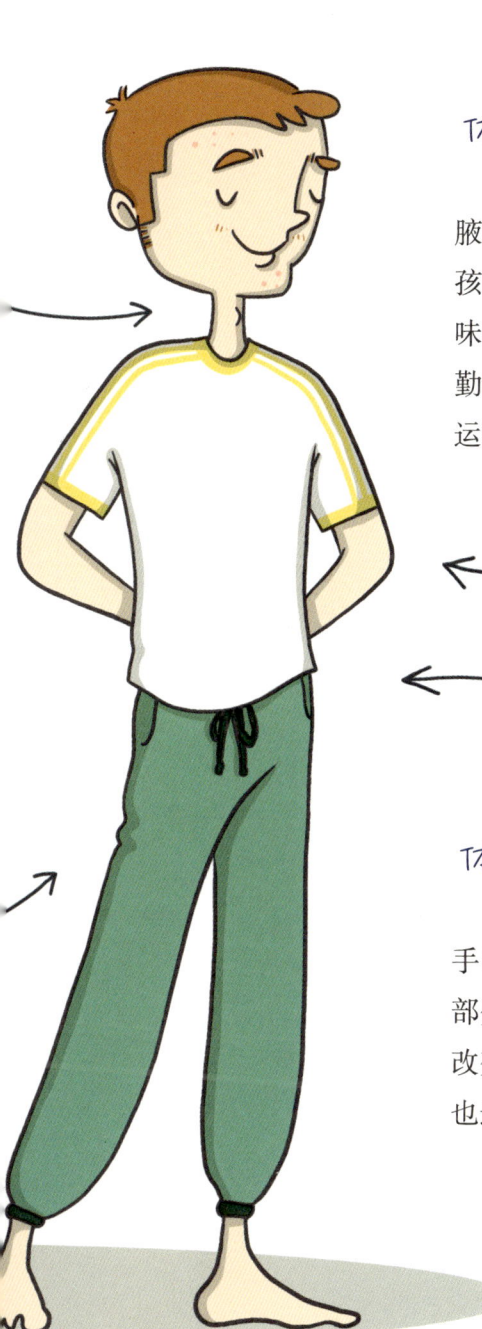

体味

你的体味会越来越浓烈,尤其是腋下、生殖器和双脚。这种气味跟小孩子的气味完全不同,这是青春的气味!为了防止体味令他人不适,你要勤洗澡,最好每天洗一次,尤其是在运动之后。

体形

在青春期的头几年,你的手臂、腿、手和脚的生长速度要快于身体的其他部分。之后,你的躯干也会发生明显的改变,你的肩部会变得越来越宽,肌肉也逐渐增多。

最终,

你将迎来你的

第一次射精!

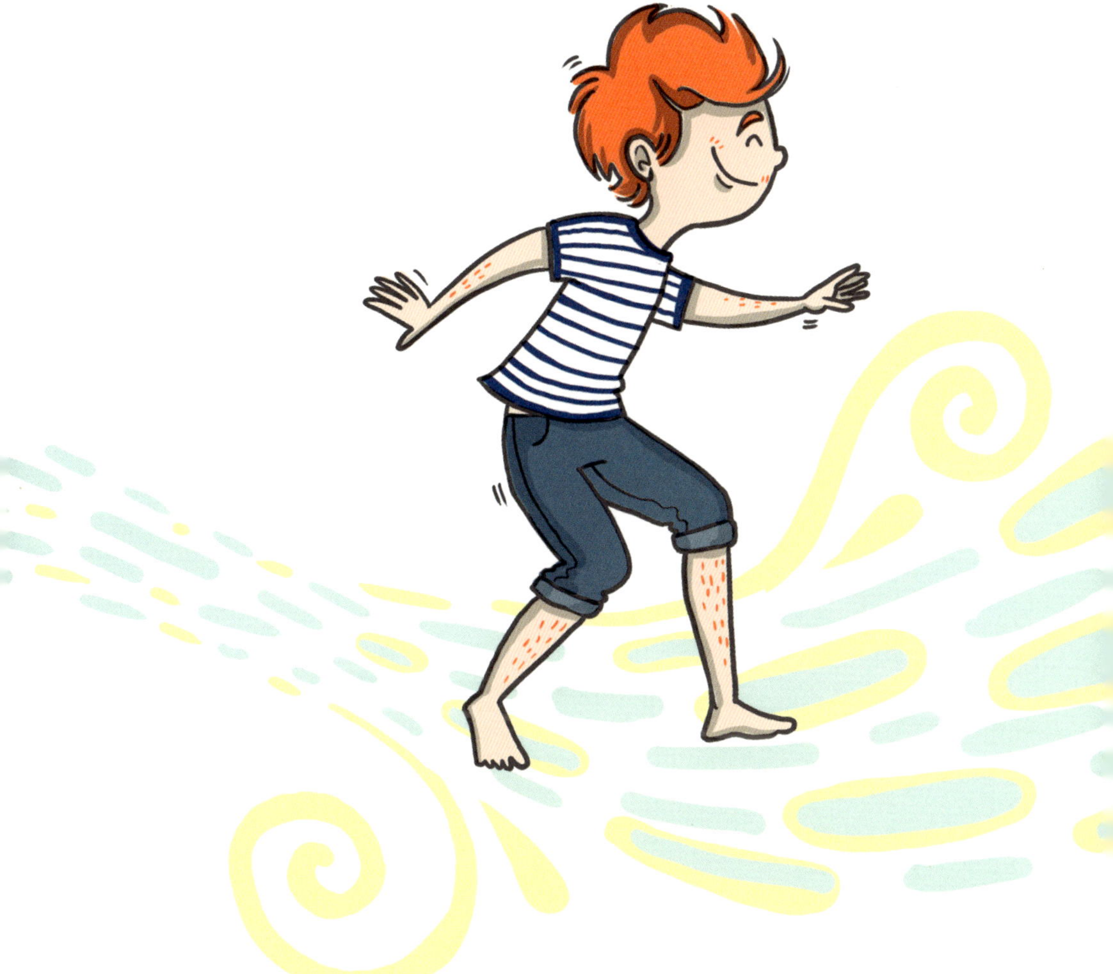

初精常常在你睡觉时悄悄到来，也有人会在自慰时迎来初精。你第一次射精时，精液量通常不会很大。你不用担心万一在朋友家睡觉时初精来临，因为精液会留在内裤里，不会弄脏床单。

> 第一次射精是你生命中一个十分重要的时刻。
> 请鼓起勇气与你的家人或朋友分享这一时刻。

长久以来，青春期的男性很少与他们的家人分享这件事，因为他们的家人极少向他们谈起任何与第一次射精、精液、性器官或是性有关的事。谈论初精仿佛是一个禁忌。

如今，尽管很多父母想给自己的孩子良好的性教育，但有时却不知从何做起，他们本身可能也缺乏科学的性知识。本书毫无疑问将打破这一窘境，让更多的父母和孩子敢于谈论这些话题。

你不妨先迈出第一步：问问你家庭中的男性，他的初精是几岁时到来的。

这一重要的时刻值得好好庆祝一下。庆祝初精的方式有很多种：有的家庭会做一个蛋糕、准备一道特殊的美食或为此干杯；有的家庭会去一个特别的地方，开展一项有趣的活动。对你的家庭来说，这可能仍是一个令人紧张的话题，敢于开口谈论就已经向前迈出一大步了。

你想怎样庆祝呢？

当注意到身体开始发生变化了，你就可以好好考虑考虑这件事，然后跟你的家人说说。

生育期初期

初精到来后的几年里，你的身体将继续发生变化，逐渐发育为成年人的样子。射精量也会持续增加，直至达到成年人的水平。

在这一阶段，你会经常勃起，大脑中常常出现与性相关的画面，这些都很正常。这是因为在这个阶段，你的性激素水平迅速升高，但是不用担心，你不会一直这样。随着时间的推移，你的性激素水平会慢慢恢复正常。

渐渐地，你会了解精液和尿道球腺液的特点，也将学会如何管理它们。

总结

早期变化

睾丸开始发育，阴囊的皮肤发生变化

乳头变得敏感

阴部出现体毛

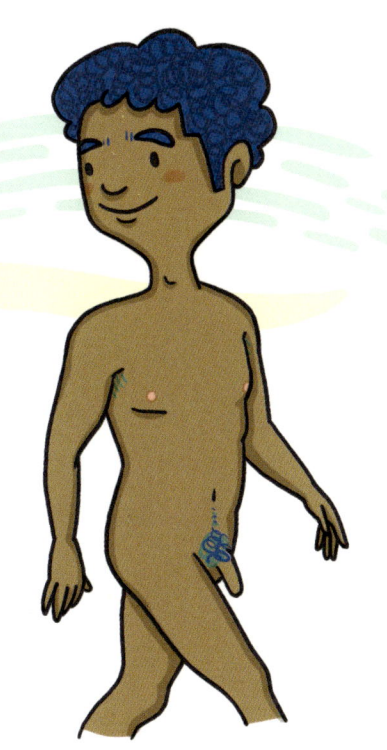

第一次射精　　　　　　　生育期初期

初精

💡 如果你的睾丸还没有开始发育，你的乳头还没有变得敏感，你的阴部还没有长出体毛，说明你离初精还早呢！

读到这里，你一定已经掌握了许多必不可少的知识，它们将帮助你快乐地度过青春期这一生命中美好的时期。每当重新翻开这本书，你也许都有不一样的收获，因为随着经历越来越丰富，你将不断以新的方式来理解我所讲的一切。

　　我衷心希望我所讲的一切对你有所帮助，让你更好地了解自己，更愉悦地面对自己身体的变化，更负责任地对待性。希望本书能成为值得你信赖的伙伴，助你打开话匣子，大胆地与你的家人和朋友谈论书中的所有话题。

我们有缘再见！

致　谢

　　感谢内分泌学家和男科医生路易·巴萨、泌尿科专家阿里亚德娜·法比亚和哈维尔·庞塞·德莱昂、儿童内分泌科医生马里萨·托雷斯对本书作者提出的专业问题作出的解答。感谢马萨尔、亚历克斯、马克、赫尔曼、贡萨洛、劳尔和阿尔瓦尔向我们分享初精和射精的经历。

　　感谢别尔、罗赫尔、努拉、莱拉和诺亚克对本书作出的宝贵贡献，是他们帮助我们修改、润色本书的文字和图画，从而使本书适合儿童和青少年阅读。感谢所有六年级的男孩们，还有他们的家人和老师，是他们的期盼给了我们完成此书的动力。感谢蓬图斯的热情和学识，以及他对本书的修改和支持。最后，感谢编辑安娜和米蕾娅为本书付出的心血，感谢胡迪特对本书的校对。